デジタル
ヘルス事業
参入の法務

弁護士
落合 孝文・松倉 香純・平井 健斗・松田 一星【著】

DIGITAL
HEALTH

中央経済社

はしがき

　近時デジタルヘルスに参入する企業が増加している。医療・ヘルスケアの領域をドメインとしないIT企業，製造業等や，スタートアップなどである。いずれの場合でも，業界固有の事業者規制法や，個人情報の取扱いなどについては，組織全体としては不慣れであることが多い。一方で，医療・ヘルスケアの領域は法令等による規制が他の事業者規制が存在する分野にも増して見えにくい部分がある。法令や政省令だけではなく，通達，事務連絡，ガイドライン，Q&Aなどの細切れの文書により，規制の具体的な内容が定められている点に起因する部分も多い。

　本書では，医療・ヘルスケアの分野が極めて広範であり，実際には広く薄くの規制の把握では十分に準備が進められないことも踏まえ，新規参入を検討される企業の方々が特に興味・関心を持たれる可能性が高いテーマを中心に，新規参入において把握すべきルールの概要を説明するものである。オンラインでのヘルスケアサービスの提供において問題になることが多い，（プログラム）医療機器，健康食品・サプリメント，オンライン医療（オンライン診療・服薬指導等），医療機関等の連携，個人情報保護法，倫理指針，医療・ヘルスケア情報に関連する規制，データ利用に関する契約等の考え方などについて整理を行っている。

　デジタルヘルスに関する規制は，個人情報保護法，オンライン診療，薬機法等々いずれも直近での改正，改定の動きもある分野であるが，基本的に令和3年末までの情報に基づいて執筆を行っており，さらに令和4年3月までの議論についても，できる限り内容に含めるようにしている。令和2年，3年改正個人情報保護法や，オンライン診療の恒久化等（令和4年診療報酬改定も含む）についても内容に含めている。

　全体としては，法規制，保険制度等に関する議論が中心となっているが第1章では典型的なデジタルヘルスにおけるビジネスの例を紹介して，第2章以降

の論点の関係性を整理するようにしており，読者にとって本書が使いやすいものとなるようにしている。

　執筆は，渥美坂井法律事務所・外国法共同事業でデジタルヘルスに関する業務を行う弁護士のチームにより行った。いずれの弁護士もこの分野の実務において経験があり，近時の規制改革の動きなども把握しつつ執筆を行っているので，読者の皆様の参考になるものと考えている。

2022年5月

執筆者一同

目　次

i

第3章

81

健康食品・サプリメントに関する規制

第4章

医師法・医療法・保険関連

■凡例・略記

1. 法令名

GCP（GCP省令）	医療機器の臨床試験の実施の基準に関する省令
GLP（GLP省令）	医療機器の安全性に関する非臨床試験の実施の基準に関する省令
GVP（GVP省令）	医薬品，医薬部外品，化粧品，医療機器及び再生医療等製品の製造販売後安全管理の基準に関する省令
QMS（QMS省令）	医療機器又は体外診断用医薬品の製造管理又は品質管理にかかる業務を行う体制の基準に関する省令
景表法	不当景品類及び不当表示防止法
個人情報保護法	個人情報の保護に関する法律
個人情報保護法施行規則	個人情報の保護に関する法律施行規則
個人情報保護法施行令	個人情報の保護に関する法律施行令
次世代医療基盤法	医療分野の研究開発に資するための匿名加工医療情報に関する法律
次世代医療基盤法施行規則	医療分野の研究開発に資するための匿名加工医療情報に関する法律施行規則
特商法	特定商取引に関する法律
薬担規則	保険薬局及び保険薬剤師療養担当規則
薬機法	医薬品，医療機器等の品質，有効性及び安全性の確保等に関する法律
薬機法施行規則	医薬品，医療機器等の品質，有効性及び安全性の確保等に関する法律施行規則
薬機法施行令	医薬品，医療機器等の品質，有効性及び安全性の確保等に関する法律施行令
療担規則	保険医療機関及び保険医療養担当規則

2．通知，指針，ガイドライン等

0410特例	令2・4・10厚生労働省医政局医事課，厚生労働省医薬・生活衛生局総務課事務連絡「新型コロナウイルス感染症の拡大に際しての電話や情報通信機器を用いた診療等の時限的・特例的な取扱いについて」
医療広告ガイドライン	医業若しくは歯科医業又は病院若しくは診療所に関する広告等に関する指針
医療・介護関係事業者ガイダンス	医療・介護関係事業者における個人情報の適切な取扱いのためのガイダンス
オンライン診療指針	オンライン診療の適切な実施に関する指針
改正外国第三者提供ガイドライン	個人情報の保護に関する法律についてのガイドライン（外国にある第三者への提供編）
改正仮名加工情報・匿名加工情報ガイドライン	個人情報の保護に関する法律についてのガイドライン（仮名加工情報・匿名加工情報編）
ゲノム指針	ヒトゲノム・遺伝子解析研究に関する倫理指針
公競規	平10・11・16公正取引委員会認定，平10・11・16公正取引委員会告示第19号「医療機器業における景品等の提供の制限に関する公正競争規約」
広告告示	平成19年厚生労働省告示第108号「医業，歯科医業若しくは助産師の業務又は病院，診療所若しくは助産所に関して広告することができる事項」
適正広告基準	昭55・10・9薬発第1339号厚生省薬務局長通知「医薬品等適正広告基準」
適正広告基準解説	平29・9・29薬生監麻発0929第5号厚生労働省医薬・生活衛生局長監視指導・麻薬対策課長通知「医薬品等適正広告基準の解説及び留意事項等について」
プログラムガイドライン	プログラムの医療機器該当性に関するガイドライン
倫理指針	人を対象とする生命科学・医学系研究に関する倫理指針

3．その他

PMDA	独立行政法人　医薬品医療機器総合機構
公取協	医療機器業公正取引協議会

第 1 章

デジタルヘルスビジネスの最新動向

1 ｜ デジタルヘルスを取り巻く環境

　近年，テクノロジーとヘルスケアが交わる分野を指す「デジタルヘルス」や「ヘルステック」といった用語が，日本国内でも急激に浸透してきた。デジタルヘルス・ヘルステック分野では，製薬企業や大手IT企業に限らずスタートアップでの動きも盛んである。経済産業省の推計[1]によれば，わが国におけるヘルスケア産業全体の市場規模は2016年の約25兆円から，2025年には約33兆円に成長するとのことであり，その中でも今後成長が見込まれるニューマーケットとして，ヘルスケア関連アプリや計測機器（ウェアラブル端末等），検査・検診サービス（DTC遺伝子検査等），在宅療養を支える食事宅配サービス等が挙げられている。このように，デジタルヘルスは，今後飛躍的な成長が期待されている。

　デジタルヘルスの成長を押し上げる一因となっているのが，国民の健康意識の高まりである。特に，2016（平成28）年9月に政府が働き方改革実現会議で本格的な議論を始めた頃から，より国民の健康意識が高まってきているといわれている。その1つの表れとして，フィットネスクラブ会員数がその頃から急増している。さらに，健康には運動だけでなく，食事が重要であるとし，健康に良い食事をテーマとした書籍の刊行や，健康食品の売上も年々増加している。

　また，新型コロナウイルス感染症の感染拡大を契機に，初診からのオンライン診療が解禁されるなど，規制面でもデジタルヘルスに関する目まぐるしい変化がみられる。

　デジタルヘルスビジネスは，医療機器・医薬品業界等のヘルスケア業界にとどまらず，IT，通信系，コンシューマー系といった非ヘルスケア業界の参入が目覚ましい分野である。しかしながら，人の生命・健康に関連するという特

1　経済産業省「平成29年度健康寿命延伸産業創出推進事業（健康経営普及推進・環境整備等事業）調査報告書」（平成30年3月）479頁。

【図表1-1】 ヘルスケア産業の概観図

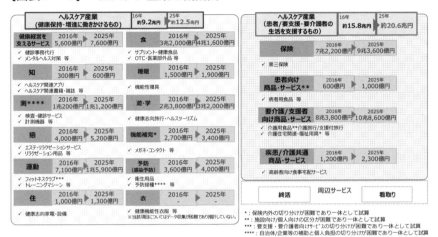

出所：経済産業省「平成29年度健康寿命延伸産業創出推進事業（健康経営普及推進・環境整備等事業）調査報告書」479頁
https://www.meti.go.jp/policy/mono_info_service/healthcare/downloadfiles/
H29kenkoujumyou-report-houkokusho.pdf

性から，研究開発から製造，販売，広告に至るまで，他業種にはないヘルスケア業界独特の規制があり，他業界からの参入には細心の注意を払う必要がある。また，政府も日本のデジタルヘルスの進化を加速するためにあらゆる法改正，仕組みづくりを進めており，これらの動向を注視することも不可欠である。一方で，デジタルヘルスに関する施策は厚生労働省だけでなく，内閣府から経済産業省，総務省等に至るまであらゆる省庁が関与しており，横断的に把握することは難しいという側面もある。

　そこで，本書では，主に非ヘルスケア業界の企業がデジタルヘルスビジネスに参入するにあたり留意すべき法規制に加え，デジタルヘルスを取り巻く国の施策の最新動向を中心に紹介する。

2 ｜ デジタルヘルスビジネスモデル

　デジタルヘルスと一言でいっても多種多様なサービス・ビジネスモデルが存在する。まず本章では，主に非ヘルスケア業界の企業がデジタルヘルスビジネスに参入するにあたり検討するものと想定されるデジタルヘルスのビジネスモデルを，以下の4つのカテゴリーに大別して紹介する。

---

(1)　健康管理サービス

(2)　健康医療相談サービス

(3)　オンライン医療

(4)　次世代医療

　なお，各ビジネスモデルの紹介とあわせて，次章以降の各ビジネスに参入する際に留意すべき法規制を解説した箇所を示すので，参考にしていただきたい。

(1)　健康管理サービス

①　ウェアラブル端末

　ウェアラブル端末とは，スマートフォンやノートパソコンのように端末を携帯するタイプのものではなく，身に付けるタイプの端末を指し，「リストバンド型」「メガネ型」「クリップ型」といった形態が一般的である。その機能はさまざまであるが，ヘルスケアに関連する機能を備えるものも多く，デジタルヘルスの代表的な類型の1つといえる。

　ヘルスケア関連機能を備えるウェアラブル端末の多くは，睡眠や歩数，運動量，消費カロリー等を測定するほか，血圧や心拍数等の利用者のバイタルデータを測定することが可能であり，利用者の健康状態を管理することを目的としている。これらの測定機能に加えて，スマホにインストールしたアプリケーション等との連携により，その測定結果の記録を可視化できるようにしたもの

も多くある。

　また，従来は，歩数計測やジョギングの記録などフィットネス目的で用いられることが多かったが，健康増進から一歩踏み込んだ医療の領域でも活用の機会を広げつつある。たとえば，2018（平成30）年９月，米国FDAは2019年度から予算を組んでデジタルヘルスの普及を後押しすると発表し，その中で，デジタルヘルスに注力するハイテク企業の代表例として米アップル社の心電図アプリを取り上げた。同製品は，FDAによる認定を受けた医療機器である。日本でも，2019（令和元）年12月にオムロン株式会社が医療機器認証を取得したウェアラブル血圧計を販売開始している。また，次世代ウェアラブル端末としていわゆる「スマートウェア」への注目も高い。スマートウェアは現在主流の腕時計型よりもずれが少なく心臓などに近い箇所での測定が可能な衣類の開発が進められており，日本の繊維メーカーも独自に開発した素材を用いて心電図が計測できる製品の開発に挑んでいる。

　ウェアラブル端末に関して特に留意すべき法規制は以下のとおりである。

医療機器該当性	第2章
ウェアラブル端末が「医療機器」に該当すると，薬機法等の厳格な法規制を受ける。ウェアラブル端末については，当該端末および搭載されるプログラム双方について検討が必要となる。開発予定のウェアラブル端末が医療機器に該当するか否かにより，開発に要するコスト，時間，規制遵守体制は大きく異なる。	1　医療機器該当性 2　薬事承認等 3　医療機器の研究開発に関する規制
個人情報保護	第5章
ウェアラブル端末で収集した個人のバ	1　個人情報保護法制

イタルデータを取得した事業者が同データの分析・加工等を行い，別目的に利用し，または他の事業者へ提供することも考えられる。ただし，個人のバイタルデータはセンシティブな個人データであるため，その取扱いには特に配慮が必要である。	**3**　人を対象とする生命科学・医学系研究に関する倫理指針

②　健康データ記録・蓄積サービス

　スマホアプリ等を用いたヘルスケアサービスの1つとして，自身でデータを入力することや，ウェアラブル端末等の他計測（医療）機器や他医療システム等と連動して利用者の医療データが転送されることで，自身の医療情報を手元で確認できる健康データ記録・蓄積サービスが挙げられる。ここでいう医療データには，利用者の体温，便通，生理など日々の体調，医療機関で処方された処方薬の記録などが含まれる。また，医療データだけではなく，あわせて毎日の食事のデータを入力することで，自身の摂取カロリー管理や栄養管理を可能にするサービスも多くみられる。具体的には，電子お薬手帳，電子母子手帳，電子基礎体温記録アプリ等がこの類型に該当する。

　健康データ記録・蓄積サービスに関して特に留意すべき法規制は以下のとおりである。

医療機器該当性	第2章
健康データ記録・蓄積サービスプログラムが「医療機器」に該当すると，薬機法等の厳格な法規制を受ける。データを記録・蓄積した上で加工する場合には，その加工の態様によっては医療	**1**　医療機器該当性 **2**　薬事承認等 **3**　医療機器の研究開発に関する規制

機器に該当し得るため注意が必要である。	
個人情報保護 健康データ記録・蓄積サービスで収集した個人の医療データを取得した事業者が同データの分析・加工等を行い，別目的に利用し，または他の事業者へ提供することも考えられる。ただし，個人の医療データはセンシティブな個人データであるため，その取扱いには特に配慮が必要である。	**第5章** 1　個人情報保護法制 3　人を対象とする生命科学・医学系研究に関する倫理指針

【図表1－2】健康データ記録・蓄積サービス

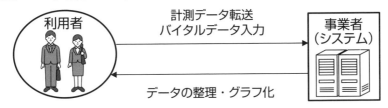

③　PHR（Personal Health Record）

　現在，厚生労働省，経済産業省および総務省は連携して，国民が良質な健康・医療・介護サービスを享受できる社会を実現することを目的とし，本人による健康・医療・介護情報の管理・活用を可能とするために，本人の健康・医療・介護に関する情報であるPHR（Personal Health Record）サービスモデルの実用化を目指している。地域医療連携ネットワーク構築事業の1つで，地域住民の健康情報を集約し，生涯健康情報として健康サービスや産業創出につな

げようとする狙いがあるものである。具体的には，各自治体，保険者，医療機関・薬局・介護施設の医療システムが保有する個人の健康・医療データを本人同意の下に収集し，一元化し，本人による閲覧・管理，さらには他医療機関・民間事業者等と連携して本人の健康増進に資するサービスを提供することを想定したものである。

　今後はPHRシステムに一元化された本人が保有・管理する健康・医療データを民間事業者等が二次的に利用して，本人に利益を還元するサービスが拡大することが期待されている。

　一方，データの利活用には，情報の電子化が不可欠であり，仮に情報が集積され一元化されたとしても，同データの規格が不揃いであれば，その分析・解析および二次的活用は困難である。そのため，政府は電子カルテの普及および電子カルテの標準化を推進している。これに加え，クラウド型PHRの導入も進んでおり，今後市場拡大が見込まれることから，新たに電子カルテシステムの開発・販売事業に参入する事業者もみられるところである。

　PHR関連サービスに関して特に留意すべき法規制は以下のとおりである。

個人情報保護	第5章
PHRで収集する個人の健康・医療データはセンシティブな医療データを含むため，その取扱いには特に配慮が必要である。また，その二次利用についても本人の同意の取得等課題は多い。さらに，健康・医療情報の匿名加工情報（匿名加工医療情報）の取扱いを定めた次世代医療基盤法も理解しておくべきである。	1　個人情報保護法制 2　次世代医療基盤法
データの権利関係	第6章

PHRに集積したデータを事業者が利用する場合，そのデータの権利は誰に帰属するのか，どのような範囲まで保護されるのかという点も，注意が必要となる。また，データ利活用については，政府があらゆる施策を推進しており，その動向も把握しておくべきである。	1　データの権利関係 2　AI・データの利用に関する契約ガイドライン 3　不正競争防止法によるデータ保護 4　デジタル化・ネットワーク化と著作権法 6　医療データの利活用

④ 解析結果提示，健康指導，アドバイス提供サービス

システムに取り込まれた個人の医療・健康データに基づき，これらを記録・管理するだけではなく，各システムで解析を行い，その結果の表示に伴い適切な健康アドバイスを提示するサービスを提供するものも多くみられる。同解析には，AI技術を用いているものも増加している。

健康指導の内容としては，適切な運動量を示すもの，不足している栄養成分を示して適切な食事指導を実施するものがある。また，個人の健康・医療データの分析結果に基づき，不足している栄養成分について健康食品等の販売を推奨するサービスもみられる。

特に健康食品市場は，法整備が進んだこともあり，拡大傾向にある。食品業界は，ヘルスケア業界ほど法規制が厳格でないため参入障壁が高くないことも市場拡大の一因と考えられる。健康食品市場は通信販売が主流であることも特徴の1つであるが，競争が一段と激しくなるにつれ，その差別化を図るため，法令に抵触する表現を用いた広告が散見されるようになり，消費者庁等の規制官庁は警戒を強めているという面もある。

さらに，米国では，健康食品とは異なる「メディカル・フード」の成長がみられる。「メディカル・フード」とは医薬品と栄養補助食品の中間に位置づけられるものであり，特定の病気に必要とされる栄養分を補うことで病気の改善

を目指すものである。処方箋までは不要であるという点は健康食品と共通するが，健康食品とは異なり，購入に際し医師の指示が必要とされている。日本ではまだこれに相応する制度は存在しないが，このように医師の連携・推薦を得ることにより自社製品の価値を高めるビジネスモデルを検討する事業者もある。ただし，医師との協業についても厳格な規制がいくつも存在するため，ビジネスモデルの構築には慎重を要する。

　解析結果提示，健康指導，アドバイス提供サービスに関して特に留意すべき法規制は以下のとおりである。

医療行為規制 個人から収集した健康・医療データの分析・解析結果の提示および健康アドバイスは，内容によっては医師のみに許容される医療行為に該当し，医師法に抵触するおそれがある。	**第4章** 　2　医療行為規制の範囲
健康食品・サプリメント 健康食品・サプリメントは医薬品と異なる法規制の適用を受ける。製品の効能効果に関する表示，広告可能な範囲等についてもさまざまな規制があり，近年は行政機関による摘発事例も多くみられるため，注意が必要である。	**第3章全般**
医療従事者／医療機関との連携 医療従事者／医療機関と事業者の関係については，国民の医療への信頼と質の担保を目的として，厳格な規制がある。特に医療従事者／医療機関との間	**第4章** 　4　医療機関と事業者との連携

で金銭の授受があるスキームをとる場合は，注意する必要がある。	

【図表1-3】 解析結果提示，健康指導，アドバイス提供サービス

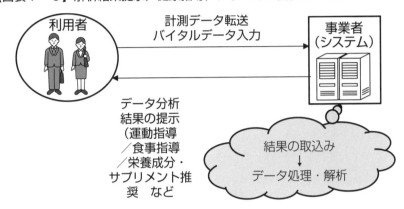

⑤ **遺伝子検査ビジネス**

　国民の健康意識の高まりと遺伝子解析技術の進化に伴い，遺伝子情報をもとに自分の体質を知り，病気の発症を予防する「0次予防」として消費者向け（DTC：Direct to Consumer）遺伝子検査ビジネスが注目を集めている。ネスレ等の大手食品会社やDeNA，Yahoo等のIT企業といった非ヘルスケア業界からの参入も多くみられる。ほとんどのサービスは同様の形で提供されており，顧客が検体となる唾液等を採取して返送することで，疾患等のかかりやすさや体質などに関する情報と，病気の予防につながるアドバイスが得られるというものである。解析の過程では，AIによる解析を伴うものもある。一方で，このようなDTC遺伝子検査の分析的妥当性，化学的根拠，品質保証等に疑問の声もある。また，遺伝情報は個人情報の中でも極めてセンシティブな情報であり，当該個人遺伝情報の取扱い方についても議論がなされているところである。

　遺伝子検査ビジネスに関して特に留意すべき法規制は以下のとおりである。

個人情報保護法	第5章
個人の遺伝子・ゲノム情報については，その機微性から通常の個人情報よりも厳格な定めがあることに注意が必要である。さらに，遺伝子検査事業の拡大に伴い，政府はその規制について検討をしているところであり，各省の定めるガイドライン等についても把握しておくことが求められる。	1　個人情報保護法制 4　個人遺伝情報を用いた事業分野に適用されるガイドライン等

【図表1－4】遺伝子検査ビジネス

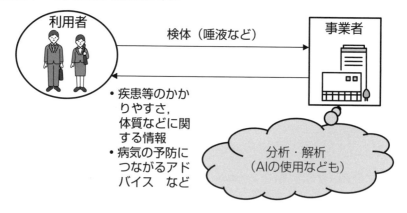

(2)　健康相談サービス

　健康管理サービス等の利用者が，健康管理サービス等を通じて自身の健康状況を把握している中で，健康状態に不安を持つという状況が生じることも考えられる。その中には，医療機関で受診するまでには至らないもの，または受診の必要性について判断がつかないものも存在することが推測される。このような場合，健康増進のためには，仮に何らかの病気に罹患しているのであれば，

その初期段階で対処をすることが効果的である。

① 医療情報提供サービス

　近年，医師が監修して疾患や医薬品，医療機器，医療機関の情報など，医療情報を提供するサービスが展開されている。従来は書籍等で調べる必要があったものが，インターネットやアプリ等を介し，効率よく取得することが可能となっている。サービス内容は，「治療」や「病気」に関するもの，「医薬品」や「医療機器」といった製品に関するものから，「医療機関」に関する情報を提供するものまである。

　医療情報提供サービスに関して特に留意すべき法規制は以下のとおりである。

薬機法上の広告規制 医薬品，医療機器の広告については厳格な規制がある。原則，一般大衆向けの広告は禁止されており，他にも表示内容につき厳格な規制が存在する。また，業界自主ルールとしての広告規制についても確認を要する。	第2章 4　広告規制 5　その他の業界特有の規制
医療行為規制 サービスで行う医療情報の提供内容が，医療行為に該当する場合は，医師法違反となる可能性があるため注意が必要となる。	第4章 2　医療行為規制の範囲
医療広告規制 医療機関に関する広告についても，医療法およびガイドラインにより詳細な	第4章 5　広告規制

広告ルールが定められている。	

②　医師・医療機関紹介サービス

　単に医師・医療機関のデータベースを紹介するだけではなく，患者の症状にあった医師の選択を可能とするサービスや，地理的条件も踏まえ，適切な医療機関を紹介するサービスが展開されている。また，各医療機関を点数化し当該点数に基づきランキング化する，受診した患者の口コミを紹介するものもある。

　これらは，仲介料，掲載料，広告収入を運営会社の収入源とするビジネスモデルである。ただし，本書で示すとおり，特定の医療機関への紹介や同医療機関に関する広告についてはさまざまな規制があり，非ヘルスケア業界における広告よりも注意すべき点が多い。

　医師・医療機関紹介サービスに関して特に留意すべき法規制は以下のとおりである。

医療従事者／医療機関との連携 医療従事者／医療機関と事業者の関係については，国民の医療への信頼と質の担保を目的として，厳格な規制がある。特に医療従事者／医療機関との間で金銭の授受があるスキームをとる場合は，注意する必要がある。	**第4章** 4　医療機関と事業者との連携
医療広告規制 医療機関に関する広告についても，医療法およびガイドラインにより詳細な広告ルールが定められている。	**第4章** 5　広告規制

【図表1－5】医師・医療機関紹介

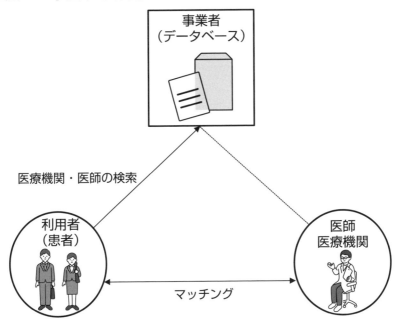

③　遠隔健康医療相談サービス

　医療機関で受診するまでには至らないもの，または受診の必要性について判断がつかないものについて，自宅等からインターネット等を介して医師等に相談することができるサービスも拡大している。医師とのSNSを介したコミュニケーションによりこれらのサービスを受けられるものも存在する。同サービスは，後述のオンライン診療とは異なり，医療行為ではないため，診断や医薬品の処方等を受けることはできないものであるが，医療機関に足を運ばずとも，健康状態に不安が生じた際に簡便に適切なアドバイスを受けることができる。

　同サービスには，大手ITプラットフォーマー，通信事業者，SNS事業者等の非ヘルスケア事業者が続々と参入している。最近では，ヘルスケアテクノロジーズ株式会社（ソフトバンク株式会社のグループ会社）が，自社のオンライン健康相談アプリを活用して，福岡市で11万人を対象とするPCR検査に耐え得

る体制を構築したという例がある[2]。

　遠隔健康医療相談サービスに関して特に留意すべき法規制は以下のとおりである。

オンライン診療，医療行為規制	第4章
遠隔健康医療相談サービスは，後述するオンライン診療とは異なり，医療行為に該当しない範囲で実施するものである。医療行為に該当するサービスを提供する場合は，より厳格な法規制の適用を受けるため，その境界を越えないようサービスを設計することが重要となる。	2　医療行為規制の範囲 3　オンライン診療・オンライン服薬指導
医療従事者／医療機関との連携	第4章
医療従事者／医療機関と事業者の関係については，国民の医療への信頼と質の担保を目的として，厳格な規制がある。特に医療従事者／医療機関との間で金銭の授受があるスキームをとる場合は，注意する必要がある。	4　医療機関と事業者との連携

(3)　オンライン医療

　現在の法規制では，原則，診断・治療行為は医師が患者と対面しなければ提供できず（対面診断の原則），また，医薬品を処方する際には，紙媒体での処

2　Future Stride
　（https://www.softbank.jp/biz/future_stride/entry/technology/helpo/20210125/）

方箋を交付する必要がある。さらに，現在では対面以外で可能な場面も増えているが，2020（令和2）年以前は，処方された医薬品を交付する際にも，薬剤師が患者に対し，対面で服薬指導をしなければならなかった。

　このように，従来の法規制では，一定の例外を除き，患者が医療機関に足を運ばなければ，医療を受けられない状況にある。しかし，遠隔で医療を受けられるためのオンライン診療，オンライン服薬指導および電子処方箋の運用が徐々に進められている。

　オンライン診療は，医師不足に悩む過疎地域や移動を困難とする高齢者人口の増加といった国民の医療アクセス改善に貢献するものと考えられている。また，近年では，健康保険組合等が保険者に治療費を補助して，オンライン診療を活用した禁煙サポートを行う取組みも多くみられる。オンライン診療については，通常の診療と異なる診療報酬加算の要件が課されているため，保険適用の診療を対象とするか否かにより，ビジネススキームが異なる点も注意が必要である。オンライン診療サービスについても，非ヘルスケア事業者が医療機関または医師と連携し，プラットフォーム，システム等を構築することによって，サービスに進出する傾向がみられている。

　オンライン服薬指導については，政府が薬局にかかりつけ薬局機能の強化を求めており，その一環としてこれまで薬剤師の業務が調剤業務や在庫管理といった対物中心業務であったところから患者の服薬状況の把握，残薬管理，副作用状況の確認といった適切なフォローアップ等を行う対人中心業務にシフトすることを求めている。これにより，今後は薬局による患者のフォローアップの一手段としてオンライン服薬指導の活用が広がると予測されている。従来の薬局は，オンライン服薬指導の活用に向けた体制が十分にとられていないところが多くあるため，今後，非ヘルスケア事業者が薬局をサポートできる場面が多くなると考えられる。

　オンライン医療に関して特に留意すべき法規制は以下のとおりである。

オンライン診療，オンライン服薬指導 現行法では，対面診療を原則としており，オンライン診療等は例外的に許容されるものである。したがって，オンライン診療の提供には，通常の対面診療と異なるさまざまな遵守事項があるため，慎重に検討する必要がある。 また，ガイドライン上の遵守事項と診療報酬加算の要件は異なるため，保険診療と自由診療の違いについても理解しておく必要がある。	**第4章** 1　ヘルスケア事業に関連する法規制の概要 3　オンライン診療・オンライン服薬指導
医療従事者／医療機関との連携 医療従事者／医療機関と事業者の関係については，国民の医療への信頼と質の担保を目的として，厳格な規制がある。特に医療従事者／医療機関との間で金銭の授受があるスキームをとる場合は，注意する必要がある。	**第4章** 4　医療機関と事業者との連携

(4)　次世代医療

①　VRと医療

　VR（Virtual Reality）とは，現物・実物ではないが，機能としての本質は同じであるような環境を，ユーザーの五感を含む感覚を刺激することにより理工学的につくり出す技術を指す。テレビゲーム等の活用にとどまらず，最近では医療での活用も目覚ましい。

たとえば，手術シミュレーション，錯覚による痛み緩和ケア，精神疾患の理解促進等に用いられている。VRは没入体験をさせるものであり，特に精神疾患分野等における治療方法や製品の研究開発にも活用されている。

VR機器が医療現場において活用される場合，通常，同機器による身体への侵襲性は認められないが，その機能，用法，効能，効果により医療機器として取り扱われる可能性もあり，その前例も多くないことから，薬事規制等に抵触しないかにつき，慎重に検討する必要があると思われる。

VRと医療に関して特に留意すべき法規制は以下のとおりである。

医療機器規制	第2章
通常医療に用いられないVR機器であっても，医療現場で用いられる場合，その使用目的によっては医療機器に該当する可能性もあるため注意が必要である。	1 医療機器該当性 2 薬事承認等 3 医療機器の研究開発に関する規制

② AI医療

AI技術が発展する中で，医療現場への導入の動きも加速している。主に以下のような場面での活用が推進されている。

㋐ ゲノム医療

30億塩基対という膨大な量の情報を持つゲノムに関するビッグデータの解析については，AI技術の貢献が不可欠となっている。ゲノム医療の進化により，個々に最適な医療（プレシジョン・メディスン）を提供することが可能になると期待されている。

㋑ 画像診断支援

日本は諸外国と比べてCTやMRIといった機器の設置数が多く，画像診断が盛んであるため，医療現場でのAIによる画像診断の数は増え続けている。一

方で，画像の重要なポイントを見落とす事例も指摘されており，精度の向上は課題の1つとなっている。膨大なデータの比較・診断をAIで行い，ダブルチェックとして画像診断支援もAIを用いて行うことで，画像診断時の見落とし率を減らし，より正確な診断につながることが期待されている。

(ウ)　診断・治療支援（検査・疾病管理・疾病予防も含む）

医療行為である診療は，問診，診察，検査，診断，そして治療というプロセスから成るものであるが，各医師があらゆる疾患の最新のデータを習得，把握してこのプロセスを進めることは容易ではない。また，過疎地では医師の数が不足していて，診療自体の効率化も求められるところである。

近年では，AIを活用して，最新の医療データや論文データを抽出し，医師による診断のサポートをするサービスも進化している。たとえば，Ubie株式会社の「ユビー AI問診」というサービスでは，患者ごとにAIが最適な質問を自動生成し，聴取した内容を医師が電子カルテに1クリックで転記することで業務効率化を実現するといったことが可能となっている。しかしながら，AIを活用した診断サポートについては，その精度や，誤診・医療ミスが発生した場合の責任の所在等，議論もあるところである。

(エ)　医薬品開発

医薬品の開発には，創薬標的・シーズと呼ばれる新たな医薬品効果を持つターゲットを探索することが重要であるが，すでに発見されている原理も多いため，新たに画期的な効果を持つターゲットを，膨大な化合物ライブラリー等から探索することは非常に難しい。また，最新の研究結果が掲載されている論文をすべて把握することは不可能である。そのため，多くの製薬企業では，このような既存のデータをディープラーニングさせたAIを導入することにより，創薬プロセスの効率化を進めている。

(オ)　介護・認知症

少子高齢化が進むわが国では介護者不足は喫緊の課題である。そこで，介護ロボットのような，現場での負担を減らす機器の開発がすでに始まっている。今後，睡眠や排せつなどの監視補助や認知症の診断・治療にもAIを活用する

ことも期待されている。

㈹ 手術支援

手術など外科的治療が必要な病気の数は多いにもかかわらず，若手外科医の数は減少の一途をたどっている。一方で，過疎地や医師の少ない地域でも外科治療が受けられるように，遠隔手術機器の開発が進んでいる。手術支援ロボットは，ロボット操作タイプの内視鏡手術支援機器が，大手の医療機関を中心に需要が広がったことで市場が拡大してきた。今後もこのような手術支援ロボットの開発が進むとみられる。

AI医療に関して特に留意すべき法規制は以下のとおりである。

AI医療機器の開発 AI医療機器を開発する際には，エビデンスの構築も重要となる。近年はAI医療機器を前提とした規制も整備が進んできているため，注視する必要がある。 また，AIシステム等の開発に際しベンダー等を用いる場合は，AIはさまざまなデータを学習させて構築させるものであり，その権利帰属についてもしばしば議論になるため，あらかじめ権利関係を整理しておくことも重要である。	**第2章** 1 医療機器該当性 2 薬事承認等 3 医療機器の研究開発に関する規制 **第6章** 2 AI・データの利用に関する契約ガイドライン 3 不正競争防止法によるデータ保護 4 デジタル化・ネットワーク化と著作権法
医療行為規制 医療行為を行えるのは医師のみであるため，AIが医療行為を行っているとみなされる場合は，医師法等に抵触す	**第4章** 2 医療行為規制の範囲

る。

また，医療現場でAIが用いられ，患者に損害が生じたときの責任の所在についてなど，活発な議論がなされているところである。

第2章

医療機器規制

1 ｜ 医療機器該当性

(1)　医療機器と非医療機器

　薬機法において，「医療機器」とは，人もしくは動物の疾病の診断，治療もしくは予防に使用されること，または人もしくは動物の身体の構造もしくは機能に影響を及ぼすことが目的とされている機械器具等（再生医療等製品を除く）のうち，政令で定めるものを指す（薬機法2条4項）。なお，「機械器具等」には，「プログラム」も含むと定められているところ（薬機法2条1項2号），「プログラム」とは，電子計算機に対する指令であって，一の結果を得ることができるように組み合わされたものをいう。

【図表2－1】医療機器の定義

人もしくは動物の

疾病の診断，治療もしくは予防に使用されること
または
人もしくは動物の身体の構造もしくは機能に影響を及ぼすこと

が目的とされている機械器具等（プログラムを含む）

　医療機器に該当する製品を開発，販売する際には，後述のとおり，さまざまな規制を受けることとなる。たとえば，医療機器を販売するためには，その製品の製造者および販売者はその医療機器に応じた許認可を受ける必要があり，その許認可を受けるためには，ハード面およびソフト面について課される厳格な要件を満たす必要がある。さらに，当該医療機器についても，その医療機器に応じ，承認，認証または届出を受けなければ，流通させることができず，こ

れらの手続を踏むためには，有効性，品質，安全性等に関するデータの取得が求められ，その取得のために治験等を実施することが求められる。すなわち，医療機器に該当する製品を取り扱うためには，少なからず法規制の遵守とその要件を満たすための時間，コストを要することとなる。したがって，医療に関する製品を開発する際には，まず，医療機器に該当することを避けて開発するのか，それとも投資したコストに見合う医療機器としてその有用性，品質，安全性について保証を受けた上で展開するのかについて戦略を立てなければならない。

【図表2－2】医療機器に該当する場合

　☑　会社として製造販売業許可が必要

　☑　販売する各製品について，リスクの大きさ等に応じて，承認・認証・届出が求められる（治験でデータを収集する必要もあり）

　　　⇒時間・コストがかかる

　☑　薬機法に関する法令遵守体制を整備する
　☑　薬機法等の広告規制を遵守する

　医療機器は，診断，治療等および身体に影響を及ぼすか，という観点から同機器の使用目的，使用方法，および標榜等を考慮して，【図表2－3】のとおり，国際分類[1]上は4つのクラスに分類され（以下「クラス分類」という），薬機法では，このクラス分類を踏まえて，医療機器を高度管理医療機器（副作用または機能の障害が生じた場合において，人の生命および健康に重大な影響を与えるおそれがあることからその適切な管理が必要なもの（薬機法2条5項）），管理医療機器（副作用または機能の障害が生じた場合において，人の生命および健康に影響を与えるおそれがあることからその適切な管理が必要なもの（同

1　日米欧豪加の5地域が参加する「医療機器規制国際整合化会合（GHTF）」において2003（平成15）年12月に合意された。

条６項））および一般医療機器（副作用または機能の障害が生じた場合において
も，人の生命および健康に影響を与えるおそれがほとんどないもの（同条７
項））の３つに大別し，分類に応じて規制を設けている。医療機器該当性には，
明確な線引きはなく，しばしば医療機器該当性が問題となることがあるため，
医療機器に該当することを避けたい場合には，慎重な検討が必要となる。また，
医療機器の中でも，人体に与えるリスクによってクラス分類が異なり，適用さ
れる規制が異なる点も注意が必要である。なお，旧薬事法では，「プログラ
ム」は医療機器の定義に含まれていなかったが，国際整合性も踏まえ，薬機法
では，医療機器の定義に「プログラム」および「これを記録した記録媒体」が
追加され，薬機法の規制対象となっている。ただし，クラスⅠに分類される一
般医療機器に相当するプログラムについては，例外的に医療機器の範囲から除
かれている（薬機法施行令別表第一）。

【図表２－３】クラス分類

クラス分類	法律分類	具体例	人体へのリスク
クラスⅠ	一般医療機器	● X線フィルム ● 歯科技工用用品	極めて低い
クラスⅡ	管理医療機器	● MRI ● 電子式血圧計 ● 電子内視鏡	比較的低い
クラスⅢ	高度管理医療機器	● 透析器 ● 人工骨 ● コンタクトレンズ	比較的高い
クラスⅣ	高度管理医療機器	● ペースメーカー ● ステント	生命の危険に直結するおそれがある

(2)　プログラムの医療機器該当性

　デジタルヘルスに関する製品については，多くの場合，プログラムの医療機

器該当性が問題となる。厚生労働省は，このプログラムの医療機器該当性について，2014（平成26）年に「プログラムの医療機器への該当性に関する基本的な考え方について」[2]（以下「基本的な考え方」という）を公表した。

　その後，2021（令和３）年には，「プログラムの医療機器該当性に関するガイドラインについて」[3]（以下「プログラムガイドライン通知」という）において，基本的な考え方を廃止するとともに，「プログラムの医療機器該当性に関するガイドライン」（以下「プログラムガイドライン」という）を公表している。

　プログラムガイドラインは，「基本的な考え方」で示された考え方等に基づいて，薬機法における規制の基本的要素と判断の参考となる情報を提供することにより，医療機器プログラム開発に係る事業の予見可能性を高めることを目的としている。なお，プログラムガイドラインでは，「医療機器プログラム」とは，プログラム単体として流通する製品を指し，「プログラム医療機器」とは医療機器プログラムおよび当該プログラムを記録した記録媒体を含むものを指している。

　プログラムガイドラインによると，特定のプログラムが，薬機法上の医療機器に該当するか否かは，製造販売業者等による当該製品の表示，説明資料，広告等に基づき，当該プログラムの使用目的およびリスクの程度が医療機器の定義に該当するか否かにより判断される。使用目的が変われば同じ機能を有するプログラムでも医療機器該当性の判断が変わる可能性があるため，事業者においてプログラムの使用目的を十分検討する必要がある。

　また，複数の機能を有するプログラムの医療機器該当性の判断にあたっては，少なくとも１つの機能が医療機器プログラムの定義を満たす場合，同時に流通する不可分なプログラムは全体として医療機器としての流通規制を受けることになる。この場合，医療機器ではない機能が医療機器としての承認範囲に含ま

2　　平26・11・14薬食監麻発1114第５号厚生労働省医薬食品局監視指導・麻薬対策課長通知。

3　　令３・３・31薬生機審発0331第１号・薬生監麻発0331第15号厚生労働省医薬・生活衛生局医療機器審査管理課長および厚生労働省医薬・生活衛生局監視指導・麻薬対策課長連名通知。

れるような誤認を利用者に与えないように表示，広告等を行うなど，医療機器の定義を満たす機能と医療機器ではない機能を適切に区別する必要があることに留意すべきであるとされる。

　たとえば，インストール等することによってデスクトップパソコン等の汎用コンピュータまたはスマホ等の携帯情報端末（以下「汎用コンピュータ等」という）のウェブカメラ等の内部または外部センサ（以下「汎用センサ等」という）と連動して，医療機器としての機能を発揮するプログラムは，汎用センサ等を含めた一体の製品としてみたときに，医療機器の定義を満たすか否かによって医療機器該当性が判断されることになる。

　なお，プログラムガイドラインによると，患者説明を目的とするプログラム，院内業務支援・メンテナンスを目的とするプログラム，使用者（患者や健常者）が自らの医療・健康情報を閲覧等することを目的とするプログラム，生命および健康に影響を与えるリスクが低いと考えられるプログラムについては，医療機器の定義を満たさないため，薬機法の規制対象とはならないとされる。さらに，複数の機能を有するプログラムの場合は，機能ごとに分類して確認を行う必要があるとされる。

　プログラムガイドラインによると，プログラムの医療機器該当性は，具体的には以下の手順で判断される。

①　事前準備（使用目的，処理方法などの明確化・整理）

　まず，プログラムの医療機器該当性の判断にあたっては，開発予定または開発中のプログラム（以下「開発プログラム」という）に関して事業者（開発者）が想定している使用者，使用目的，処理方法等を確認，整理，精査等することとされている。【図表2−4】のとおり，想定される使用者が個人である場合と医療関係者である場合とで，明確にすべき項目は異なる。

②　使用目的等の確認と一般的名称の検索

　次に，開発プログラムについて，その仕様（想定される使用者，入力情報，

【図表2−4】判断に必要な項目（明確にすべき項目）

個人・家庭向け	医療関係者向け
● プログラムの使用目的 －健康管理 －利用者への情報提供 －疾病の診断・治療・予防	● プログラムの使用目的 －院内業務支援，メンテナンス（診断に用いるものは除く） －医学的判断に使用しない情報提供 －疾病の診断・治療・予防 －治療方針，治療計画等の策定または支援
● プログラムが行う処理方法 －データの表示，保管，転送 －診断以外を目的としたデータの加工・処理 －（入力情報をもとに）疾病候補，罹患リスクの表示 －（入力情報をもとに）推奨治療方法を提示	● プログラムが行う処理方法 －データの表示，保管，転送 －データのグラフ化，診断・治療以外を目的とした画像の表示 －診断，治療以外を目的としたデータの加工・処理
● 同一の機能を有する一般医療機器の確認	● 処理のアルゴリズム －診断・治療ガイドライン等に従った処理を行うもの －独自のアルゴリズムで処理を行うもの
	● 同一の機能を有する一般医療機器の確認

出力情報等），使用目的（治療支援，診断支援等）等に応じ，そのクラス分類や定義からみて適切と思われる一般的名称を，「医薬品，医療機器等の品質，有効性及び安全性の確保等に関する法律第二条第五項から第七項までの規定により厚生労働大臣が指定する高度管理医療機器，管理医療機器及び一般医療機器（告示）及び医薬品，医療機器等の品質，有効性及び安全性の確保等に関する法律第二条第八項の規定により厚生労働大臣が指定する特定保守管理医療機器（告示）の施行について」[4]（以下「一般的名称通知」という）から検索す

ることとされる[5]。開発プログラムについて，相当するプログラム名称が一般的名称通知の一般的名称欄に存在する場合は，当該開発プログラムは原則として，相当する一般的名称の医療機器に該当することとされる。また，開発プログラムの使用目的が，有体物たる一般医療機器の一般的名称定義欄に該当するプログラムである場合，当該プログラムは医療機器としての規制対象とはならない。

③　該当性判断

上記②により，開発プログラムの一般的名称およびクラス分類について相当するものが存在しない，またはわからない場合は，プログラムガイドライン別紙「プログラムの医療機器への該当性について」（以下「該当性フローチャート」という）に従い，医療機器該当性について判断する。

該当性フローチャートによると，プログラムの医療機器該当性を判断するには，まず，判断したいプログラムが疾病の診断・治療・予防を意図しているかを確認し，これを意図している場合には，同一の処理を行う医療機器があるか等について確認を行う。これに対し，疾病の診断・治療・予防を意図していない場合には，個人で使用するものか，それとも医療機関で使用するものかを確認し，その想定される使用者に応じた使用目的および処理方法等から，医療機器該当性を判断する。

また，該当性フローチャートを用いて医療機器に該当しないことを確認したプログラムについては，利用者による誤解を防ぐために「当該プログラムは，疾病の診断，治療，予防を目的としていない」旨の記載・表示を行うことが望ましいとされる。さらに，該当性判断にあたっては，該当性フローチャートのほか，プログラムガイドライン別添2「Q&A」を必ず確認することとされて

4　平16・7・20薬食発第0720022号厚生労働省医薬食品局長通知。

5　一般的名称は，一般的名称通知の別添CD-ROMにまとめられている。なお，類別がプログラムであるもの（一般的名称が「○○プログラム」と掲載されているもの）は，2021（令和3）年11月30日現在において，182種類存在する。

いる。

④ 人の生命および健康に影響を与えるリスクの程度の考え方

医療機器プログラムについては，機能の障害等が生じた場合でも人の生命および健康を与えるおそれがほとんどないもの（一般医療機器（クラスⅠ）に相当するもの）は，医療機器の範囲から除外されているため，「③該当性判断」にあたってはこの点を勘案する必要がある。まず，上記(1)で述べたとおり，医療機器はクラス分類のルールに則って，クラスⅠからクラスⅣの4つのクラス分類がなされるところ，医療機器プログラムのクラス分類についても，有体物にインストールされて使用可能な状態としたものを想定した上で，プログラム部分が製品の有効性・安全性に与える影響を考慮して，原則，同様の考え方で判定するとされる。また，この判定にあたっては「高度管理医療機器，管理医療機器及び一般医療機器に係るクラス分類ルールの改正について」[6]を参考にすることとされている。

さらに，クラス分類のルールによる判断が難しい場合には，「医療機器プログラムにより得られた結果の重要性に鑑みて疾病の治療，診断等にどの程度寄与するのか」，「医療機器プログラムの機能の障害等が生じた場合において人の生命および健康に影響を与えるおそれ（不具合があった場合のリスク）を含めた総合的なリスクの蓋然性がどの程度あるか」という2点を考慮して判断されることとなる。また，認知行動療法等に基づき疾病の治療等を行うプログラムについては，この2点を考慮するにあたり，特定の疾病と診断された患者を対象としたものかどうか，医師の責任で実施すべき治療行為の一部または全部を代替するものかどうか，個々の患者の情報を分析し，その患者に適した助言等を提示するものかどうか，独自のアルゴリズムの有無，不具合があった場合に患者の健康に及ぼす影響の有無等を踏まえることとされる。

以上を踏まえ，プログラムガイドライン別添1において示される医療機器に

6　平25・5・10薬食発0510第8号厚生労働省医薬食品局長通知。

該当するものおよび医療機器に該当しないものは**【図表2－5】**のとおりである。

【図表2－5】プログラムの医療機器該当性判断事例

医療機器に該当しないもの

1　個人での使用を目的としたプログラム
(1)　データの加工・処理を行わない（表示，保管，転送のみを行う）プログラム
(2)　運動管理等の医療・健康以外を目的としたプログラム
(3)　利用者への情報提供を目的としたプログラム

2　医療関係者が使用することを目的としたプログラム
(1)　医療関係者，患者等への医学的判断に使用しない情報提供のみを目的としたプログラム
(2)　院内業務支援・メンテナンス用プログラム
　①　医療関係者が患者の健康記録等を閲覧等するプログラム
　②　院内業務支援プログラム
　③　メンテナンス用プログラム
(3)　データの保管，転送のみを行うプログラム
(4)　診断，治療以外を目的とした，データの加工・処理を行うプログラム
(5)　診断・治療ガイドライン等に従った処理のみを行うプログラム

3　一般医療機器（クラスⅠ医療機器）と同等の処理を行うプログラム

医療機器に該当するもの

(1)　入力情報をもとに，疾病候補，病変リスクを表示するプログラム
(2)　疾病の診断・治療・予防を意図したプログラム
　①　医療機器で得られたデータ（画像を含む）を加工・処理し，診断または治療に用いるための指標，画像，グラフ等を作成するプログラム
　②　治療計画・方法の決定を支援するためのプログラム（シミュレーションを含む）
　③　医療機器の制御を行うプログラム，または医療機器データの分析を行うことを目的として，医療機器に接続して医療機器の機能を拡張するプログラム
(3)　有体物の医療機器とセットで使用するプログラム

該当性判断基準および上記の例をみると，当該プログラムが診断または治療

方針に影響を与える加工を行うものは，医療機器に該当する可能性が高いといえる。一方で，取得した医療データについて診断または治療に資する分析処理等をせずにそのままの形で保管，表示するもの，もしくは説明・管理等のために表示上の処理（グラフ・表作成等）のみを行うものについては，医療機器に該当しないと判断される傾向があると考えられる。

　たとえば，電子血圧手帳，電子母子手帳，電子お薬手帳のような記録管理を目的とするものは，個人での使用を目的としたプログラムとして医療機器に該当しないものと判断される可能性が高い。しかし，これらのデータから具体的な疾患の罹患の可能性や治療方針を示す場合は，疾病の診断への寄与が高く，入力情報をもとに，疾病候補，病変リスクを表示するプログラムとして医療機器に該当すると判断される可能性がある。

(3)　疾患の発症確率を提示するプログラムの医療機器該当性

　ヘルスケア系プログラムでは，利用者が本人のバイタルデータ等をプログラムに入力し，そのデータを同事業者の持つシステム等でデータ処理・解析した上で，その結果を利用者に返すというものが多くみられる。同プログラムにおいて，医療機器に該当しないものとしてどこまでの解析結果を提供することが

【図表 2 - 6 】疾患の発症確率を提示するプログラムの医療機器該当性

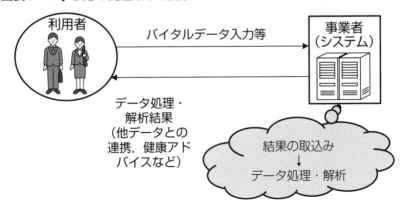

できるかについては，明確な線引きが定められていないため，各事業者が苦心すると思われるところである。

　これに関して，厚生労働省は，2018（平成30）年12月28日に当時の「基本的な考え方」を一部改正し，以下の類型を医療機器非該当例の一例として追加した[7]。

糖尿病のような多因子疾患の一部の因子について，入力された検査結果データと特定の集団の当該因子のデータを比較し，入力された検査結果に基づき，当該集団において当該因子について類似した検査結果を有する者の集団における当該疾患の発症確率を提示するプログラム，又は特定の集団のデータに基づき一般的な統計学的処理等により構築したモデルから，入力された検査結果データに基づく糖尿病のような多因子疾患の発症確率を提示するプログラム

　これは，国立国際医療研究センターの「糖尿病リスク予測ツール」について，医療機器に該当しないと判断したことを受けて，医療機器プログラムに該当しない例に新たに追加したものである。上記(2)で述べたとおり，この基本的な考え方は，プログラムガイドラインにより廃止されたものの，プログラムガイドライン別添１では医療機器に該当しない利用者への情報提供を目的としたプログラムとして，「糖尿病のような多因子疾患の一部の因子について，入力された検査結果データと特定の集団の当該因子のデータを比較し，入力された検査結果に基づき，当該集団において当該因子について類似した検査結果を有する者の集団における当該疾患の発症リスクを提示するプログラム（利用者に診断との誤認を与えないものに限る。）」および「特定の集団のデータに基づき統計処理等により構築したモデルから，入力された検査結果データに基づく糖尿病のような多因子疾患の発症リスクを提示するプログラム（利用者に診断との誤

7　平30・12・28薬生監麻発1228第２号厚生労働省医薬・生活衛生局監視指導・麻薬対策課長通知「「プログラムの医療機器への該当性に関する基本的な考え方について」の一部改正について」。

認を与えないものに限る。）」を例示している。

　プログラムガイドラインでは，「基本的な考え方」で示された例示に新たに「利用者に診断との誤認を与えないものに限る。」との文言が加えられており，医療機器該当性の境界線を汲み取る参考となる。

　厚生労働省は，当該プログラムにおける対象疾患について，「糖尿病のような多因子疾患」とし，発症リスクの導き方について，「入力された検査結果データと特定の集団の当該因子のデータを比較」または「特定の集団のデータに基づき統計処理等により構築したモデル」と限定している。これは，血糖値と糖尿病の発症確率の関係のように，いわゆる『家庭の医学』のような一般書にも記載されるような，広く学会等で知られており，ガイドライン等にも定められ，実際の医療現場で用いられている指標を用いて発症確率を算定する場合を想定していることがうかがわれる。すなわち，一般的に確立された方法に基づく統計学的処理であれば，医療従事者以外も参考にできるデータに基づき分析処理をしているにすぎないと解されるため，疾病の診断等に対する寄与は低く，また，利用者に診断との誤認を与えるおそれは低い。一方，一般的に医療現場でも確立されていない指標やアルゴリズム等に基づく独自の判断については，疾病の診断等に対する寄与が高く，利用者に診断であるとの誤認を与えるおそれがあり，当該診断を行うプログラムは医療機器に該当する可能性が高いと考えられる。

　以上より，入力データに基づきある疾患の発症確率を示す医療機器については，その対象となる疾患とその算出根拠となる因子との相関性が広く学会等で知られ，治療ガイドラインにも定められ，実際の医療現場で用いられるレベルまで浸透しているものでなければ，医療機器に該当する可能性が高いと考えられる。

(4)　アドバイスの提示方法と医療機器該当性

　仮に，開発プログラムにより提供される分析処理自体が医療行為に該当せず医療機器に該当しないものであっても，そこから算出された分析結果に基づく

アドバイスの提示方法次第では，医療機器に該当すると判断される可能性があるため注意が必要である。

　プログラムガイドライン別添1では，「携帯情報端末内蔵のセンサ等を利用して個人の健康情報（歩数等）を検知し，健康増進や体力向上を目的として生活改善メニューの提示や実施状況に応じたアドバイスを行うプログラム」は医療機器非該当例として挙げられており（プログラムガイドライン別添1　Ａ－3）），一般的な健康上のアドバイスを行うものにとどまる場合は，利用者への情報提供を目的としたプログラムとして，医療機器に該当しない可能性が高い。ここでいう一般的な健康アドバイスは，食事等だけでなく，運動をしましょう，医療機関を受診しましょう，といった呼びかけも含むと考えられる。一方，各人の個別具体的な症状に基づいて具体的な治療方針等を示すことは，入力情報をもとに疾病候補・疾病リスクを提示するものと考えられ，診断・治療行為を行うものとして，医療機器に該当する可能性が高い。さらに，アドバイス内容として医薬品やサプリメントの推奨をすることは，成分名のみ（例：ビタミンＣ）であるとしても，基本的に診断・治療行為に該当する可能性がある点は留意すべきである。

(5)　ウェアラブル端末の医療機器該当性

　上記(2)～(4)では，ヘルスケア系サービスを提供するアプリまたはシステムを主に想定し，プログラムの医療機器該当性について述べてきた。しかし，近年成長が目覚ましいウェアラブル端末についても，医療機器該当性は重要な検討ポイントとなる。

　多くのウェアラブル端末には，内蔵のセンサが備えられており，同端末搭載のプログラムと連動して着用者のバイオメトリクス等を検出し，その体内状況や当該データに基づくアドバイスが表示される。このような場合，当該端末とプログラムを分離して医療機器該当性を検討すべきかという点が問題になる。

　この点，端末とプログラムが一体になった製品の医療機器該当性については，当該端末にプログラムがプリインストールされているか否かで判断が異なり，

ウェアラブル端末にプログラムがプリインストールされている状態で販売されるものについては、ウェアラブル端末とプログラムを一体として医療機器該当性が判断される。一方、ウェアラブル端末にはセンサがついているだけで、別途プログラムをダウンロードしなければ体動を検出し、その結果を表示できない仕組みである場合は、ウェアラブル端末と当該プログラムについて、別々に該当性が検討されることとなる。

したがって、ウェアラブル端末にプログラムがプリインストールされており、一体となってバイオメトリクス検出等の医療機器に該当する機能を有する場合は、あわせて医療機器に該当すると判断される。たとえば、血圧や血中酸素濃度を計測、検出する機能を有する場合は、診断に用いられるものとみなされ医療機器に該当すると判断される可能性が高い。これに対し、歩数、加速度、心拍（脈拍を手で当てて測ることのできるレベル）については、当該機器を用いずに計測できるものであり、かつ、医療現場ではなく日常生活でも計測されるものであるから、医療機器に該当しないと判断される可能性が高いと考えられる。

一方で、ウェアラブル端末にプログラムがプリインストールされておらず、ウェアラブル端末にセンサが搭載されていたとしても、当該センサのみでは機

【図表2－7】ウェアラブル端末の医療機器該当性

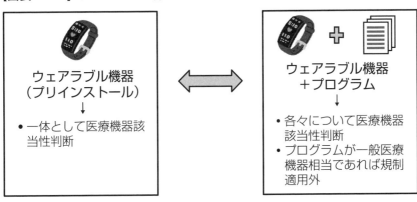

37

能せず，別途当該端末にプログラムをインストールしなければその計測・評価等の目的は達成されない場合は，当該ウェアラブル端末単体で医療機器該当性が判断され，当該ウェアラブル端末は医療機器に該当しない可能性が高い。

　このように，ウェアラブル端末の医療機器該当性の判断については連動するプログラムが当該端末にプリインストールされているか否かによって異なるため，製品開発にあたり留意する必要がある。なお，医療機器該当性の判断基準は各国で異なるため，グローバル展開しているウェアラブル機器でも，日本国内で展開する際に，医療機器規制に抵触するとして，一部の機能を外して販売しているものもあることから，海外製品を日本で販売する場合にも，事前に医療機器に該当する可能性について検討しておくべきである。

【ヘルスケア事業に参入する際のポイント】

✓ ヘルスケアアプリ等を開発する場合，それが医療機器に該当するか否かで，開発に要する時間，コストに大きく影響するため，まずは医療機器該当性を確認する必要がある。

✓ プログラムの医療機器該当性は，治療・診療等への貢献度と総合的なリスクの蓋然性を踏まえて判断されるので，たとえば，記録管理を目的としたアプリであっても，具体的な疾患の罹患可能性や治療方針を示すものについては医療機器に該当する可能性がある。

✓ ウェアラブル端末は，プログラムをプリインストールしているか否かで医療機器該当性の判断方法が異なるので，その違いを踏まえて開発方針を定める必要がある。

---

2 | 薬事承認等

(1) 概　要

　薬機法は，保健衛生の向上を図るために医療機器の「品質，有効性及び安全性の確保並びにこれらの使用による保健衛生上の危害の発生及び拡大の防止のために必要な規制を行う」こととしており（薬機法1条），医療機器を「製造販売」するにあたっては，薬機法の定める規制に従うことが必要となる。

　ここでいう「製造販売」とは，製造（他に委託して製造する場合を含み，他から委託を受けて製造する場合を除く）をし，または輸入をした医療機器を，販売し，貸与し，もしくは授与し，または医療機器プログラム（医療機器のうちプログラムであるものをいう）を電気通信回線を通じて提供することをいうと定義されており（同法2条13項），「製造」や「販売」という字面からイメージするものよりも幅広い行為が定義に含まれていることに注意しなければならない。

　医療機器を「製造販売」する場合，具体的には，業として医療機器を製造販売する企業としての製造販売業許可，および，製造販売する医療機器の種類に応じたその品目ごとの製造販売承認，またはそれに代わる認証もしくは届出が必要となる。以下，それぞれについて説明する。

(2) 製造販売業許可

① 製造販売業許可とは

　薬機法上，医療機器の製造販売を業として行う場合，厚生労働大臣の許可を受けることが必要とされている（同法23条の2）。この許可のことを一般に製造販売業許可と呼んでいる。この許可の権限は，都道府県知事に委任されており，医療機器の製造販売をする場合には，後述する総括製造販売責任者がその業務を行う事務所の所在地の都道府県知事に許可申請をすることになる（薬機法施

行令80条3項1号）。

　医療機器の製造販売業許可は，その製造販売する医療機器の種類に応じて，【図表2－8】のとおり3種類に分かれている。なお，先述のとおり，プログラムで一般医療機器に相当するものについては，薬機法の規制対象たる「医療機器」には該当しないとされており，そのようなプログラムを販売するにあたっては，製造販売業許可を受けることは不要である。

【図表2－8】医療機器の製造販売業許可

医療機器の種類	許可の種類
高度管理医療機器（クラスⅢ，Ⅳ）	第一種医療機器製造販売業許可
管理医療機器（クラスⅡ）	第二種医療機器製造販売業許可
一般医療機器（クラスⅠ）	第三種医療機器製造販売業許可

②　製造販売業許可の要件

　製造販売業許可を受けるための要件は，(ｱ)製造管理または品質管理に係る業務を行う体制が，厚生労働省令で定める基準に適合していること，(ｲ)製造販売後安全管理の方法が，厚生労働省令で定める基準に適合していること，(ｳ)申請者が薬機法5条3号に定める欠格事由に該当していないことの3点である（同法23条の2の2）。

　上記(ｱ)でいう厚生労働省令とは，「医療機器又は体外診断用医薬品の製造管理又は品質管理に係る業務を行う体制の基準に関する省令」（一般に「QMS（省令）」と呼ばれている。QMSは，Quality Management Systemの略であり，医薬品や医療機器などの分野では省令名などに対してこのような略語を用いることがよくみられる）のことを指しており，また上記(ｲ)でいう厚生労働省令とは，「医薬品，医薬部外品，化粧品，医療機器及び再生医療等製品の製造販売後安全管理の基準に関する省令」（一般に「GVP（省令）」と呼ばれている。GVPは，Good Vigilance Practiceの略である）のことを指している。また，上

記(ウ)の薬機法5条3号には，(i)製造販売業許可を取り消され，取消しの日から3年を経過していない者，(ii)製造業登録を取り消され，取消しの日から3年を経過していない者，(iii)禁錮以上の刑に処せられ，その執行を終わり，または執行を受けることがなくなった後，3年を経過していない者，(iv)上記(i)〜(iii)までに該当する者を除くほか，薬機法，麻薬及び向精神薬取締法，毒物及び劇物取締法その他薬事に関する法令で政令で定めるものまたはこれに基づく処分に違反し，その違反行為があった日から2年を経過していない者，(v)成年被後見人または麻薬，大麻，あへんもしくは覚醒剤の中毒者，といった欠格事由が定められている。

③ 総括製造販売責任者

上記②のとおり，製造販売業許可を受けるためには，(ア)製造管理または品質管理に係る業務を行う体制が，厚生労働省令で定める基準に適合していること，および(イ)製造販売後安全管理の方法が，厚生労働省令で定める基準に適合していることが要件となるが，製造販売業者は，製造販売業許可を受けた後にそれらの業務を行う責任者として，総括製造販売責任者を置くことが必要となる（薬機法23条の2の14）。総括製造販売責任者は，薬機法施行規則114条の49に定められる基準に該当する者でなければならない。

(3) 製造業登録

医療機器を製造販売する際には，製造販売する医療機器の品目ごとに後述する製造販売承認が必要となるが（薬機法23条の2の5第1項），この製造販売承認を受けるためには，製造販売業許可のほか，医療機器を製造する製造所（工場）ごとに厚生労働大臣の登録を受けなければならない（同条2項2号，同法23条の2の3第1項。なお，製造販売承認に代わる認証または届出の場合も同様）。

ここでいう「製造所」とは，製造工程のうち設計，組立て，滅菌，国内における最終製品の保管などを行う施設をいい，医療機器の種類ごとに製造業登録

が必要とされる製造工程が定められている（薬機法施行規則114条の8）。

　製造業登録で気をつけなければならないのは，製造所ごとの登録という点であり，医療機器を自社で製造する場合でも，たとえば設計と組立てが別の工場で行われているというときには，それぞれの工場について製造業登録を受けることが求められる。また，他の業者に製造委託する場合には，受託先の業者がその受託する医療機器の製造を実施する工場ごとに製造業登録を受けることが必要となる。

　もっとも，すべての施設について製造所登録を必要としているわけではなく，たとえば一般医療機器についてのみ設計開発を行う施設などは，登録を要しないこととされている[8]。

　登録する内容は薬機法23条の2の3第2項および同法施行規則114条の9に規定されており，製造業者は，同条に定める申請書および必要書類を製造所の所在地の都道府県知事に提出することで製造業登録を行う（同法施行令80条3項3号）。

　また，製造販売業許可において総括製造販売責任者の設置が求められるのと同様に，製造業登録においても，医療機器の製造を実地に管理させるために，製造所ごとに医療機器責任技術者を設置することが必要となる（薬機法23条の2の14第5項）。医療機器責任技術者の資格は，薬機法施行規則114条の53に規定されている。

⑷　外国製造医療機器の承認，許可，登録の特例

　外国の企業等が，後述する製造販売承認が必要とされる医療機器を日本に輸出し販売する場合，自身で日本での製造販売業許可を取得し製造販売するほか，医療機器の品目ごとに日本国内の製造販売業者を選任し当該業者に製造販売させることが可能である（薬機法23条の2の17）。この制度は，外国特例承認制度

---

[8]　平26・10・34薬食機参発1003第1号厚生労働省大臣官房参事官通知「医療機器及び体外診断用医薬品の製造業の取扱いについて」。

と呼ばれている。

　また，外国特例承認制度と平仄を合わせる仕組みとして，輸出する医療機器を製造する外国製造業者でも，日本国内の製造所が製造業登録をするときと同じ要件の下，製造業登録を受けることができるとされている（薬機法23条の2の4）。

　これらの制度により，外国の企業が自社の医療機器を日本で販売するための障壁が取り除かれ，あるいは一定程度軽減されているといえる。

(5)　製造販売承認

①　製造販売承認とそれに代わる認証および届出

　医療機器を製造販売するためには，製造販売業許可に加えて，【図表2－9】のとおり製造販売する医療機器の種類に応じたその品目ごとの厚生労働大臣の承認（一般に製造販売承認と呼んでいる），またはそれに代わる登録認証機関の認証もしくは厚生労働大臣への届出が必要とされている（薬機法23条の2の5，23条の2の23，23条の2の12）。

【図表2－9】製造販売する医療機器の種類に応じた品目ごとの承認・認証

承認が必要	下記のいずれにも該当しないもの
認証が必要	厚生労働大臣が基準を定めて指定する高度管理医療機器または管理医療機器
届出で足りる	一般医療機器

②　製造販売承認申請

　製造販売承認は厚生労働大臣の権限に属するものであるが，承認申請に対する審査は，独立行政法人である医薬品医療機器総合機構（PMDA：Pharmaceuticals and Medical Devices Agency）が実施している（薬機法23条の2の7）。PMDAは，医薬品の副作用や生物由来製品を介した感染等による健康被害に対して，迅速な救済を図り（健康被害救済），医薬品や医療機器などの品質，

有効性および安全性について，治験前から承認までを一貫した体制で指導・審査し（承認審査），市販後における安全性に関する情報の収集，分析，提供を行う（安全対策）ことを通じて，国民保健の向上に貢献することを目的として設立された組織である[9]。

　製造販売承認を受けるためには，申請書に臨床試験の試験成績に関する資料その他の資料を添付して申請しなければならない（薬機法23条の 2 の 5 第 3 項，同法施行規則114条の19第 1 項 1 号）。なお，添付すべき資料の項目および範囲の概要は，平26・11・20薬食発1120第 5 号厚生労働省医薬食品局長通知「医療機

【図表 2 −10】新医療機器に係る承認審査の標準的プロセスにおける　　タイムライン

　　以下のタイムラインは，審査において特段の問題がなかった場合のプロセスについて，平成21年度以降に申請された新医療機器（通常品目）における審査実績（平成30年度下半期〜令和元年度上半期承認）[※1]を，申請受付から承認までの審査プロセス毎の審査期間（行政側期間と申請者側期間の合計）について示したものである。
（※1　優先審査品目，迅速審査品目，承認申請から承認までの間に申請区分の変更が行われた品目及び申請者側期間が申請後10ヶ月を超えて経過している品目は除外する。）

上段の数値は，「25%タイル値」〜（中央値）〜「75%タイル値」を示す。

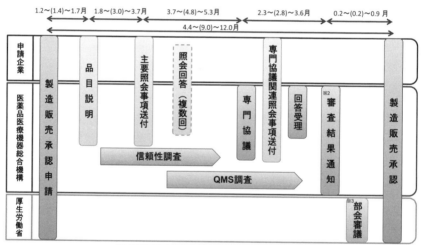

※2　総合機構から厚生労働省に対する審査結果通知日（総合機構における審査業務が終了した日）。
※3　薬事・食品衛生審議会医療機器・体外診断薬部会における審議。先発品が再審査期間中である品目の承認申請及び再審査期間中の一部変更承認申請については，部会審議を原則として行わない。

出所：PMDAウェブサイト「新医療機器に係る承認審査の標準的プロセスにおけるタイムライン」
　　　https://www.pmda.go.jp/files/000233916.pdf

9　　PMDAウェブサイト「PMDAとは」
　　　https://www.pmda.go.jp/about-pmda/outline/0001.html

器の製造販売承認申請について」の別表に示されている。

　承認申請に対する審査においては，当該申請に係る医療機器の品質，有効性および安全性に関する調査が行われる。この調査に際しては，当該医療機器に係る資料が「医療機器の安全性に関する非臨床試験の実施の基準に関する省令」（一般に「GLP（省令）」と呼ばれている。GLPは，Good Laboratory Practiceの略である）および「医療機器の臨床試験の実施の基準に関する省令」（一般に「GCP（省令）」と呼ばれている。GCPは，Good Clinical Practiceの略である）に適合するかどうかについての書面による調査または実地の調査が行われることとなっている（同法23条の2の5第6項）。これらの基準については，「③　医療機器の研究開発に関する規制」で改めて説明する。製造販売承認申請から製造販売承認が出されるまでのプロセスは【図表2－10】のとおりである。審査期間は，中央値で9.0か月である。

　なお，近時医療機器業界でもM&Aが盛んに行われているが，すでに製造販売承認を取得している他の医療機器製造販売業者の地位を承継する場合，再度承認申請をする必要はなく，その承継前に厚生労働大臣に所定の届出を行うことで製造販売承認の取得者たる地位を承継することができる（同法23条の2の11）。

③　早期承認に関する制度

　上記②で説明したとおり，医療機器の製造販売承認を受けるためには，臨床試験の試験成績に関する資料等を準備しなければならず，そのために治験を実施することが必要となる。しかし，治験は数年間という期間を要するものであることから，既存の治療法に有効なものがない疾患などを対象とした革新的な医療機器へより早くアクセスできるようにするニーズが存在していた。そのニーズに応えるものとして，革新的医療機器条件付早期承認制度が構築され，平29・7・31薬生発0731第1号厚生労働省医薬・生活衛生局長通知「革新的医療機器条件付早期承認制度の実施について」により公表された。その後，改正薬機法（2020（令和2）年9月1日施行）により，本制度は「医療機器等条件付き承認制度」として対象を拡大して法制化された（同法23条の2の5第12項，

同条１項，15項）[10]。

　医療機器等条件付き承認制度の対象品目は，下記の(1)または(2)において示す要件のいずれにも該当する医療機器である。

---

(1)　**類型１**

ア　生命に重大な影響がある疾患または病気の進行が不可逆的で日常生活に著しい影響を及ぼす疾患を対象とすること。

イ　既存の治療法，予防法もしくは診断法がないこと，または既存の治療法等と比較して著しく高い有効性または安全性が期待されること。

ウ　一定の評価を行うための適切な臨床データを提示できること。

エ　新たな臨床試験または臨床性能試験の実施に相当の困難があることを合理的に説明できること。

オ　関連学会と緊密な連携の下で，適正使用基準を作成することができ，また，市販後のデータ収集およびその評価の計画を具体的に提示できること。

(2)　**類型２**

ア　焼灼その他の物的な機能により人体の構造または機能に影響を与えることを目的とする医療機器または体外診断用医薬品であって，医療上特にその必要性が高いと認められるものであること。

イ　既存の臨床データでは直接的に評価されていない適用範囲に関する有効性および安全性について，一定の外挿性をもって評価を行うための適切な臨床データを提示できること。

ウ　新たな臨床試験または臨床性能試験を実施しなくとも，その適正な使用を確保できることを合理的に説明できること。

エ　関連学会と緊密な連携の下で，適正使用基準を作成することができ，また，市販後のデータ収集およびその評価の計画を具体的に提示できること。

10　令２・８・31薬生機審発0831第２号厚生労働省医薬・生活衛生局医療機器審査管理課長通知「医療機器及び体外診断用医薬品の条件付き取扱いについて」。

　医療機器製造販売業者が医療機器等条件付き承認制度を利用することを希望する場合，まずはPMDAに医療機器開発前相談を申し込み，厚生労働省，PMDAとの間で本制度の対象となるかについて意見交換を行うこととされている。

　また，本制度の対象品目について，新たな臨床試験または臨床性能試験を実施せずに承認申請を行う場合は，申請前に，入手可能な臨床データの評価および医療機器のリスク管理計画の案の内容が適切かどうか等を相談するため，PMDAの医療機器臨床試験要否相談を申し込むこととされている。当該相談では，必要に応じ医学専門家を交えて，対象疾患の重篤性等に鑑み，臨床的な安全性・有効性のリスクベネフィットバランスを，既存の臨床データ，適正使用基準案等をもとに適切に評価できるか，適切な使用を確保するために必要となる製造販売後のリスク管理やデータ収集等の内容についての助言がなされる。

　そして，本制度を用いて承認申請を行う際には，臨床試験または臨床性能試験の試験成績に関する資料の一部として，医療機器のリスク管理計画の案を添付するとともに，申請書に，医療機器等条件付き承認制度の要件該当性について開発前相談等を実施済みである旨などを記載する必要がある。

　承認審査においては，当該リスク管理計画の案の妥当性が確認され，当該リスク管理計画が適切に実施されることを前提として，当該医療機器の有効性，安全性等が確認される。医療機器等条件付き承認制度の対象品目は，使用成績評価（薬機法23条の2の9）の対象とされ，適正使用基準などの製造販売後のリスク管理計画の実施を，承認条件とすることでその有効性，安全性等が担保される。

　なお，上記の早期承認に関する制度とは別に医薬品・医療機器等について緊急時の薬事承認制度を設ける動きがあり[11]，令和4年3月1日に薬機法の改正案が国会に提出された。この改正案が可決された場合には，対象となる医療機

11　令3・12・27厚生労働省科学審議会医薬品医療機器制度部会「緊急時の薬事承認の在り方等に関するとりまとめ」。

器の安全性の確認を前提に，その効果または効能が推定されること等を条件として，2年を超えない範囲内で条件付き承認を受けることができるようになることから（令和4年3月1日国会提出薬機法改正案23条の2の6の2参照），特に新型コロナウイルス等の急激に流行した感染症に関する医療機器を製造する事業者には影響が大きいものと思われ，今後の動向が注目される。

④　登録認証機関の認証

登録認証機関の認証制度（以下「第三者認証」という）は，承認審査の重点化の一環として，厚生労働大臣が指定した低リスクの医療機器について，承認制度に代わる審査の仕組みとして導入されたものである。厚生労働大臣が基準を定めて指定する高度管理医療機器または管理医療機器を製造販売する場合，厚生労働大臣の登録を受けた登録認証機関の認証を受けなければならないとされている（薬機法23条の2の23）。厚生労働省は，この登録認証機関のリストを公表している[12]。

登録認証機関に認証の申請を行う際には，申請書に厚生労働大臣が定める認証基準への適合性に関する資料などを添付して提出する（同法施行規則115条）。この認証基準は，平17・3・25厚生労働省告示第112号「医薬品，医療機器等の品質，有効性及び安全性の確保等に関する法律第二十三条の二の二十三第一項の規定により厚生労働大臣が基準を定めて指定する医療機器」に示されている。

⑤　承認事項一部変更申請

製造販売承認を受けた医療機器について，承認された事項の一部を変更しようとする場合は，その変更について厚生労働大臣の承認を受けなければならない（薬機法23条の2の5第15項。一般に「一変申請」と呼ばれている）。ただ

---

[12]　厚生労働省ホームページ「登録認証機関制度について」
https://www.mhlw.go.jp/stf/seisakunitsuite/bunya/kenkou_iryou/iyakuhin/touroku/index.html

し，当該変更が軽微な変更であるときは，その旨を届け出ることで足りるとされている（同条16項）。ここでいう軽微な変更に当たるか否かは，個別具体的な判断となるが，平29・7・31薬生機審発0731第5号厚生労働省医薬・生活衛生局医療機器審査管理課長通知「医療機器の一部変更に伴う軽微変更手続き等の取扱いについて」等の通知により示された例が参考となる。

とりわけ，医療機器プログラムは，有体の医療機器とは異なる特徴を有していることから，平29・10・20薬生機審発1020第1号厚生労働省医薬・生活衛生局医療機器審査管理課長通知「医療機器プログラムの一部変更に伴う軽微変更手続き等の取扱いについて」により，別途医療機器プログラム特有の事例における判断例が示されている。たとえば，汎用PCで動作する製品について，クラウド環境での動作を追加する場合であって，医療機器としての使用目的または効果およびその性能に影響を与えないときは，軽微な変更として軽微変更届の提出で足りると整理されている。ほかにも，一変申請も軽微変更届も不要な例として，動作環境であるOSバージョン等を追加，変更または削除する場合であって，医療機器としての使用目的または効果およびその性能に影響を与えない場合などの例が挙げられている。

また，改正薬機法（2020（令和2）年9月1日施行）により，最終的な製品の有効性，安全性に影響を及ぼさない医療機器の製造方法等の変更については，事前に厚生労働大臣が確認した計画に沿って変更する場合，一変申請が不要とされ届出のみで足りることとなった（薬機法23条の2の10の2）[13]。

(6) 許可等業者の法令遵守体制

近年発生している薬機法の許可または登録を受けて，医薬品等の製造販売，製造，販売等を行う者（以下「許可等業者」という）による薬機法違反事例においては，許可等業者の役員の法令遵守意識の欠如や，法令遵守に関する態勢

13　変更計画の確認制度の取扱いにつき，令2・8・31薬生機審発0831第14号厚生労働省医薬・生活衛生局医療機器審査管理課長通知「医療機器の変更計画の確認申請の取扱いについて」。

が構築されていないことが原因と考えられるものが見受けられたことを受け，改正薬機法（2021（令和 3）年 8 月 1 日施行）において，許可等業者の法令遵守体制等に関する規程の整備がなされた。また，この改正を受け，新たに「製造販売業者及び製造業者の法令遵守に関するガイドライン」が策定された[14]。

　医療機器の製造販売業者および製造業者（以下「製造販売業者等」という）については，以下の法令遵守体制整備が求められている（薬機法23条の 2 の15の 2 ，同ガイドライン参照）。

---

(1) 製造販売業者等の法令遵守体制

① 製造販売業者等の業務の適正を確保するための体制の整備（薬機法23条の 2 の15の 2 第 1 項 2 号，同条 3 項 2 号）

　　ア 製造販売業者等の業務の遂行が法令に適合することを確保するための体制

　　　　■ 役職員が遵守すべき規範の策定

　　　　■ 役職員に対する教育訓練および評価

　　　　■ 業務記録の作成，管理および保存

　　イ 役職員の業務の監督に係る体制

　　ウ その他コンプライアンス責任者，コンプライアンス統括部署，社外取締役の設置など法令等の遵守を推進する体制

② 総括製造販売責任者等が有する権限の明確化（薬機法23条の 2 の15の 2 第 1 項 1 号，同条 3 項 1 号）

③ GVP省令およびQMS省令を遵守するための体制

　　ア 総括製造販売責任者等（総括販売責任者および医療機器技術責任者をいう）に対する必要な権限の付与

　　イ 総括製造販売責任者等の業務の監督

14　令 3 ・ 1 ・29薬生発0129第 5 号厚生労働省医薬・生活衛生局長通知「「製造販売業者及び製造業者の法令遵守に関するガイドライン」について」。

④ その他の製造販売業者等の業務の適正な遂行に必要な措置（薬機法23条の2
の15の2第1項4号，同条3項3号）

　　ア　承認等の内容と齟齬する医療機器の製造販売が行われないための措置

　　イ　副作用等の報告が適正に行われるための措置

　　ウ　医療機器に関する適正な情報提供が行われるための措置

(2)　**薬事に関する法令に関する業務を担当する役員（責任役員）の責任**
（薬機法23条の2第2項2号，23条の2の3第2項3号）

(3)　**総括製造販売責任者等**

① 総括製造販売責任者等による意見申述義務

② 製造販売業者等による総括製造販売責任者等の意見尊重および措置義務

(7)　その他の医療機器製造販売に関する業許可

① 販売業許可，貸与業許可

　高度管理医療機器または特定保守管理医療機器[15]（以下「高度管理医療機器
等」という）を業として販売，授与，もしくは貸与し，または高度管理医療機
器のうちプログラムであるものをインターネットを通じて提供（以下あわせて
「販売等」という）する場合，販売業または貸与業の許可を受けなければなら
ないとされている（薬機法39条1項本文）。医療機器製造販売業者は，製造販売
業許可をもって，他の製造販売業者，製造業者，販売業者または貸与業者に，
その製造した高度管理医療機器等を販売等することはできるが（同項ただし書
き），製造販売業許可のみでは直接医療機関等に販売等することはできない。
一般に，有体の医療機器は，販売業許可または貸与業許可を受けた業者をとお
して医療機関等に供給されているので，このような供給を想定する限りでは，

15　医療機器のうち，保守点検，修理その他の管理に専門的な知識および技能を必要とすることから
　　その適正な管理が行われなければ疾病の診断，治療または予防に重大な影響を与えるおそれがある
　　ものとして，厚生労働大臣が薬事・食品衛生審議会の意見を聴いて指定するものをいう（薬機法2
　　条8項）。

製造販売業者が販売業許可を受けることは不要である（自社の物流拠点に最終製品を保管する場合には，当該物流拠点について，製造業登録が必要となる）。その一方で，医療機器プログラムについては，製造販売業者から自社のウェブサイトやプラットフォームを通じて直接に提供することが考えられ，そのような場合には，自社で販売業許可も取得することが必要となる。

　なお，特定保守管理医療機器に該当しない管理医療機器については，販売等するために届出が必要とされている（同法39条の 3 第 1 項）。一般医療機器の販売等については，許可や届出は必要とされていない。

②　修理業許可

　医療機器を業として修理する場合，修理する物およびその修理の方法に応じた修理区分ごとに修理業の許可を受けなければならない（同法40条の 2 第 1 項）。この修理についても，製造販売業許可の範囲には含まれていないので，医療機器製造販売業者が業として医療機器の修理を行うのであれば，別途修理業許可を受けることが必要となる[16]。

【ヘルスケア事業に参入する際のポイント】

✓　ヘルスケアアプリ等が医療機器に該当する場合，会社として製造販売業許可や，（必要に応じて）製造業登録，販売業許可等を受けなければならない。

✓　ヘルスケアアプリ等が医療機器に該当する場合，その品目ごとに，種類に応じて，製造販売承認，第三者認証または届出が必要となる。

---

[16]　販売業者，貸与業者及び修理業者における法令遵守に関しても，「医療機器の販売・貸与業者及び修理業者の法令遵守に関するガイドライン」が公表されている（令和 3 年 6 月 1 日薬生発0601第 1 号厚生労働省医薬・生活衛生局長通知）。

3 医療機器の研究開発に関する規制

(1) 医療機器の研究開発プロセスの概観

　上記②で説明したとおり，医療機器を製造販売するためには，製造販売承認やそれに代わる登録認証機関の認証もしくは厚生労働大臣への届出が必要となるが，医療機器の研究開発は，これらの手続を念頭に行うこととなる。

　研究開発のプロセスは，大まかにいうと，基礎研究，応用研究，非臨床，臨床研究・治験の4つのフェーズに分かれる。明確な定義があるわけではないが，基礎研究フェーズでは，今後開発を進めていく医療機器のコンセプトを決定し，応用研究フェーズでは，そのコンセプトを具体化して次の非臨床試験に進めるための最終的な仕様を確定させる。非臨床フェーズは，当該医療機器を実際に人に使用することで評価する臨床研究・治験の前段階にあるもので，性能試験，生物学的安全性試験，機械的安全性試験，電気的安全性試験，安定性試験などの試験を行う。最後に，臨床研究・治験フェーズは，製造販売承認取得等に向けて，医療機器を人に使用してその有効性，安全性等を評価するものであり，臨床研究・治験を経て薬事申請を行うこととなる。なお，PMDAは，治験その他医療機器の安全性に関する試験その他の試験の実施，医療機器の使用の成績その他厚生労働省令で定めるものに関する調査の実施および製造販売承認の申請に必要な資料の作成に関し指導および助言を行う役割も担っており（独立行政法人医薬品医療機器総合機構法15条1項5号ロ），一般に，研究開発の過程でこれらの事項についてPMDAへの相談が行われている。

(2) 研究開発に関する法規制①（GLP・GCP）

① GLP・GCPの遵守

　医療機器の製造販売承認申請に対する審査においては，当該医療機器に係る資料が，信頼性の基準である「医療機器の安全性に関する非臨床試験の実施の

基準に関する省令」（以下「GLP」という）および「医療機器の臨床試験の実施の基準に関する省令」（以下「GCP」という）に適合するかどうかについての書面による調査または実地の調査が行われることとなっている（薬機法23条の2の5第5項，23条の2の5第3項，同法施行規則114条の22）。すなわち，医療機器について製造販売承認が必要となる場合，医療機器の研究開発のうち，非臨床試験においてはGLPを，臨床試験においてはGCPを遵守することが求められている。

②　GLP

　先述のとおり，非臨床試験には，性能試験，機械的安全性試験，電気的安全性試験，安定性試験などさまざまな試験が存在するが，GLPは，その中でも生物学的安全性試験の信頼性を保証するために定められている基準である（GLP1条）。GLPの内容は，PMDAが実施するGLP適合性調査におけるチェックリスト[17]に示されている。チェックリストには，下記のような項目が含まれている（ここで示しているのはその一例である）。

> ➤ 組織・職員（試験施設が適切にして十分な人材を有しており，またGLPに沿った試験が行われるように組織されていること）
> ➤ 信頼性保証部門（信頼性保証部門の機能／信頼性保証部門が運営管理者に対しGLPに従った試験の実施を保証していること）
> ➤ 施設（施設が適切であり，試験がGLPに従って実施し得るものであること）
> ➤ 機器（試験施設は試験を実施するのに適切かつ十分な機器を有していること／信頼できる結果を得られるように，機器の点検，保守等の管理が行われていること）

17　PMDAウェブサイト「GLP適合性調査の留意事項」
　　https://www.pmda.go.jp/review-services/inspections/glp/0002.html

➤ 標準操作手順書（試験施設に，実施した試験に関連する標準操作手順書が備えられていること）

➤ 動物の飼育管理（動物の飼育および管理が，試験の目的または実施に支障を来さないように，適切に行われていること）

➤ 被験物質と対照物質（試験計画書に指定された被験物質等が，指定された投与量で試験系に投与されるまでを保証するための手順が設定されていること）

➤ 試薬（試薬および溶液が適切にラベルされ，保管されていること）

➤ 試験計画書および試験の実施（試験計画書および試験の実施がGLPに従っていること）

➤ 報告または記録（最終報告書がGLPに従って作成されていること／記録，標本などが適切に保存されていること）

➤ 試験業務の外部委託（試験業務を外部に委託する場合，委託手続GLPに従って行われていること）

③ GCP

　臨床試験は，医療機器を人に使用した場合の有効性，安全性等を評価するために実施される試験のことをいうが，被験者の人権の保護，安全の保持および福祉の向上を図り，「治験」の科学的な質および成績の信頼性を確保するための基準としてGCPが定められている（GCP1条）。GCPでは臨床試験のことを治験と呼んでいるが，治験とは，製造販売承認申請において提出すべき資料のうち臨床試験の試験成績に関する資料の収集を目的とする試験の実施をいうと定義されている（薬機法2条17項）。このことから，GCPは，製造販売承認申請のための資料の収集を目的とした臨床試験にのみ適用されることがわかる。GCPは，薬機法80条の2の規定を受けて，治験の準備に関する基準（GCP4条〜23条），治験の管理に関する基準（GCP24条〜45条），治験を行う基準（GCP46条〜75条）を規定している。これらのうち治験の準備に関する基準および治験の管理に関する基準の具体的な内容は，GLPと同様に，PMDAが実施する

GCP適合性調査におけるチェックリスト[18]に示されている。チェックリストには，下記のような項目が含まれている（ここで示しているのはその一例である）。

治験の準備に関する基準

➤ 専門的知識を有する者の確保（治験の全過程を通じ，適格な者を活用していること）

➤ 治験実施計画書等の作成および改訂（治験実施計画書作成に関する手順書を作成していること／治験実施計画書を作成していること／治験実施計画書の内容およびこれに従って治験を行うことについての治験責任医師の同意を得ていること）

➤ 実施医療機関および治験責任医師の選定等（実施医療機関および治験責任医師の選定に関する手順書を作成していること／要件を満たす実施医療機関および治験責任医師を選定していること）

➤ 検査機関の精度管理等を保証する記録の確認（治験に係る検体等の検査機関における精度管理等を保証する記録等が行われていること）

➤ 治験機器概要書の作成（治験機器概要書の作成等の業務に関する手順書を作成していること／治験機器概要書が安全性試験等により得られた資料ならびに被験機器の品質，有効性および安全性に関する情報に基づき作成されていること）

➤ 治験責任医師に対する説明文書の作成の依頼（治験責任医師に対して，被験者となるべき者のために治験の内容等を説明する文書の作成を依頼していること）

➤ 症例報告書の変更または修正に関する手順書（治験報告書の変更または修正に関する手順書を作成していること）

➤ 実施医療機関に対する治験の依頼（治験の依頼に先立ち，治験実施計画書，治験機器概要書，症例報告書の見本，説明文書等を実施医療機関の長に提出

18　PMDAウェブサイト「チェックリスト・管理シート等」
https://www.pmda.go.jp/review-services/inspections/gcp/0002.html

していること）

➢ 治験の契約（実施医療機関との間で，GCP13条1項各号に定める事項を記載した契約書を締結していること）

➢ 被験者に対する補償措置（被験者に生じた健康被害の補償のために保険その他の必要な措置を講じていること）

治験の管理に関する基準

➢ 治験機器の管理（自社における治験機器の管理に関する手順書を作成していること／治験機器またはその容器もしくは被包に治験用である旨などGCP24条1項各号に定める事項を記載していること／治験機器に添付する文書，治験機器またはその容器もしくは被包（内袋を含む）に予定される販売名，予定される使用目的，効能または効果等を記載していないこと／実施医療機関における治験機器の管理に関する手順書を作成し実施医療機関の長に交付していること）

➢ 不具合情報等（不具合情報等の収集に関する手順書を作成していること／被験機器の不具合情報等の収集・検討を実施していること／被験機器の不具合情報等を実施医療機関の長へ提供していること）

➢ モニタリング（モニタリングに関する手順書を作成していること／手順書に沿ってモニタリングを実施していること）

➢ 監査（監査に関する計画書および手順書を作成していること／計画書および手順書に沿って監査を実施していること）

➢ 治験の中止・終了等（実施医療機関がGCP，治験実施計画書または治験の契約に違反し，適正な治験に支障を及ぼした場合，当該医療機関における治験を中止していること／治験を中断または中止する場合に，実施医療機関の長へ通知していること）

➢ 総括報告書の作成過程（データマネジメント業務，解析業務等が適切に実施されていること／総括報告書の作成に関する手順書を作成していること／症

> 例報告書等の内容，データ取扱いに関する検討結果等が適切に反映された総括報告書を作成していること）
> ➤ 記録の保存等（記録の保存に関する手順書を作成していること／当該被験機器の承認日または治験の中止・終了後3年間記録を適切に保管していること）

また，治験を行う基準には，下記のようなものが含まれる。

治験を行う基準

➤ 治験審査委員会（IRB）（実施医療機関は，治験を行うことの適否その他の治験に関する調査審議を，実施医療機関の長や一般財団法人などが設置したIRBに行わせること／IRBは，審査の対象とされる治験が倫理的および科学的に妥当であるかその他当該治験を実施医療機関において行うのが適当であるかを審査し，文書により意見を述べること）

➤ 実施医療機関（実施医療機関は，設備，人員等の要件を満たしていること／実施医療機関の長は，治験に係る業務に関する手順書を作成していること）

➤ 治験責任医師（十分な教育および訓練を受け，かつ十分な臨床経験を有することなどの要件を満たしていること／倫理的および科学的観点から，治験の目的に応じ，健康状態，症状，年齢，同意の能力を十分に考慮するなどして被験者となるべき者を選定すること／治験機器の適正な使用方法を被験者に説明し，かつ，必要に応じ，被験者が治験機器を適正に使用しているかを確認すること／治験実施計画書に従って正確に症例報告書を作成すること）

➤ 被験者の同意（治験責任医師等は，被験者となるべき者にあらかじめ治験の内容その他治験に関する事項について，当該者の同意を得るよう，GCP71条に定める事項が記載された説明文書により適切な説明を行い，文書により同意を得ること）

なお，治験を実施（医療機関に依頼）するときには，あらかじめ厚生労働大臣に治験の計画を届け出なければならない（薬機法80条の2第2項）。

(3) 研究開発に関する法規制②（臨床研究法）

① 臨床研究法の位置づけ

先述のとおり，医療機器の製造販売承認申請のための資料の収集を目的とする臨床試験である治験にはGCPが適用される。これに対して，その他の臨床研究[19]については，従来，文部科学省および厚生労働省が制定する「人を対象とする医学系研究に関する倫理指針」（後述のとおり，同指針は，「人を対象とする生命科学・医学系研究に関する倫理指針」に統合された）のような法的拘束力のないガイドラインを除いて，特段の規制は存在していなかった。しかし，臨床研究における研究不正事件が相次いだことを受けて，「臨床研究の実施の手続，認定臨床研究審査委員会による審査意見業務の適切な実施のための措置，臨床研究に関する資金等の提供に関する情報の公表の制度等を定めることにより，臨床研究の対象者をはじめとする国民の臨床研究に対する信頼の確保を図ることを通じてその実施を推進し，もって保健衛生の向上に寄与する」ことを目的とした臨床研究法が制定され，2018（平成30）年４月から施行されている。臨床研究法では，臨床研究のうち一定のものを「特定臨床研究」と定義し，法的拘束力のある規制にかからせている。

② 特定臨床研究該当性

特定臨床研究とは，治験以外の臨床研究のうち，薬機法による製造販売承認またはそれに代わる第三者認証もしくは届出が行われていない医療機器または適応外の医療機器に関する臨床研究，または医療機器製造販売業者等から資金提供を受けて実施される当該医療機器製造販売業者等の医療機器に関する臨床研究をいう（臨床研究法２条２項）。この特定臨床研究の該当性の判断に関して，厚生労働省は，下記のチェックリストを公表している。

19 　臨床研究は，一般に臨床現場で行われる人を対象とした研究全般を指しており，臨床試験よりも広い概念である。ただし，臨床研究法で定義される「臨床研究」は上記の臨床研究よりも狭い概念となっている。

【図表 2 −11】 特定臨床研究の該当性に関するチェックリスト

課題番号	
研究課題名	
所属組織	
所属部署	
研究責任者 研究責任医師	

チェックリストの使用方法

平成30年4月1日以降に開始（予定含む）又は実施中である臨床研究に関して、研究責任者、研究責任医師又は研究事務局は、本チェックリストを用い、研究課題毎に特定臨床研究の該当性について確認をお願いします。

確認の結果、特定臨床研究に該当する場合は、チェックリスト-2「特定臨床研究の開始時手続きに関するチェックリスト」又はチェックリスト-3「経過措置手続きに関するチェックリスト」を参考に必要な手続きを行って下さい。

なお、各チェック項目について判断に迷う場合は、必要に応じて研究事務局、認定臨床研究審査委員会又は厚生労働省医政局研究開発振興課へご相談下さい。

特定臨床研究の該当性

No.	チェック項目	該当の有無等
1	医薬品医療機器等法で定められる治験、製造販売後臨床試験（再審査・再評価に係るもの）に該当する研究である	☐ はい　→ 臨床研究法上の臨床研究ではありません GCP又はGPSPに従って実施して下さい （以降の回答は不要です） ☐ いいえ　→ No.2へ
2	医薬品等（医薬品、医療機器、再生医療等製品）を人に対して投与又は使用する※研究である ※医薬品等の投与又は使用が医行為に該当する （注）食品を疾病の治療等に用いる研究の場合は、その食品が医薬品に該当するかどうか、都道府県薬務課に確認してください	☐ はい　→ No.3へ ☐ いいえ　→ 臨床研究法上の臨床研究ではありません 医学研究に関する各種倫理指針を遵守し実施して下さい
3	医薬品等（医薬品、医療機器、再生医療等製品）の有効性又は安全性を明らかにすることを目的とした研究である	☐ はい　→ No.4へ ☐ いいえ　→ 臨床研究法上の臨床研究ではありません 医学研究に関する各種倫理指針を遵守し実施して下さい
4	観察研究※に該当する研究である ※観察研究 研究の目的で検査、投薬その他の診断又は治療のための医療行為の有無及び程度を制御することなく、患者のために最も適切な医療を提供した結果として診療情報又は資料を利用する研究	☐ はい　→ 臨床研究法上の臨床研究ではありません 医学研究に関する各種倫理指針を遵守し実施して下さい ☐ いいえ　→ No.5へ
5	医薬品医療機器等法で未承認又は適応外の医薬品等（医薬品、医療機器、再生医療等製品）を評価対象として用いる研究である ※保険適用されていても、厳密には適応外の場合が有ります。添付文書をよく確認してください	☐ はい　→ No.7へ ☐ いいえ　→ No.6へ
6	企業等から研究資金等の提供※を受けて、当該企業の医薬品等（医薬品、医療機器、再生医療等製品）を評価対象として実施する研究である ※寄附金を研究資金等として使用する場合は「研究資金等の提供」に該当する ※物品の提供、労務提供は「研究資金等の提供」に該当しない	☐ はい　→ No.7へ ☐ いいえ　→ 特定臨床研究ではありません 臨床研究法を遵守し（努力義務）実施して下さい
7	平成30年（2018年）4月1日以降に開始する研究である ※平成30年（2018年）4月1日時点で既に実施中であった研究は、「いいえ」を選択	☐ はい　→ 特定臨床研究に該当します チェックリスト-2を確認の上、必要な手続きを速やかに実施して下さい ☐ いいえ　→ No.8へ
8	平成31年（2019年）4月1日以降も継続する予定の研究である ※平成31年（2019年）3月31日までに終了する予定の研究は「いいえ」を選択	☐ はい　→ 特定臨床研究に該当します 認定臨床研究審査委員会の載せ替え審査が必要です No.9へ（研究の進捗状況を確認） ☐ いいえ　→ 特定臨床研究に該当しますが、 認定臨床研究審査委員会の載せ替え審査は不要です 平成31年（2019年）3月31日までに、臨床研究開始時に審査を行った倫理審査委員会に終了報告を行って下さい
9	認定臨床研究審査委員会の載せ替え審査時点の研究の進捗状況 ① 研究開始 ～ 症例登録終了まで ② 症例登録終了 ～ 観察期間終了まで ③ 観察期間終了 ～ データ固定まで ④ データ固定 ～ 研究終了（総括報告書の公表）	☐ ① ☐ ② ☐ ③ ☐ ④ → 平成31年（2019年）3月18日までにjRCTへの入力と地方厚生局への提出が必要です チェックリスト-3を確認の上、必要な手続きを実施して下さい 認定臨床研究審査委員会による審査事項は、進捗状況①～④によって異なります（参考「経過措置」）

出所：厚生労働省「特定臨床研究の該当性に関するチェックリスト」
https://www.mhlw.go.jp/content/10800000/000429043.pdf

このチェックリストにも記載されているとおり，観察研究（研究の目的で検査，投薬その他の診断または治療のための医療行為の有無および程度を制御することなく，患者のために最も適切な医療を提供した結果としての診療情報または資料を利用する研究）や，医療機器製造販売業者が医療機関に物品や労務のみを提供する（研究資金を提供しない）臨床研究で治験に該当しないものは，特定臨床研究に該当しない。この特定臨床研究の該非の判断は，平31・3・28厚生労働省医政局研究開発振興課事務連絡「臨床研究法の対象となる臨床研究等の事例集等の一部改正について」の事例集が参考になる。

③ 特定臨床研究を実施する者の義務

臨床研究法は，臨床研究に対する信頼の確保を図るという目的を達成するため，特定臨床研究を実施する者（医師等）に対して，特定臨床研究の実施に関する義務を課している。いくつか例をあげると，まず，特定臨床研究を実施す

【図表 2 －12】臨床研究法の対象範囲

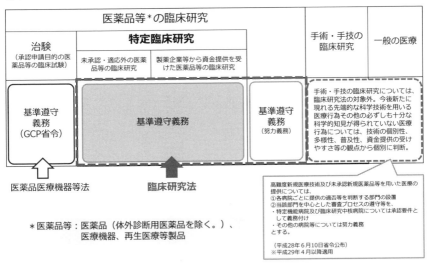

出所：厚生労働省「臨床研究法の概要」
　　　https://www.mhlw.go.jp/content/10800000/000647734.pdf

る者は，厚生労働大臣が定める臨床研究実施基準（臨床研究の実施体制，施設の構造設備，実施状況の確認，医薬品等の製造販売業者等の関与に関する事項などを定めたもの）を遵守しなければならないとされている（臨床研究法4条2項）。また，特定臨床研究を実施しようとする場合には，特定臨床研究の実施計画を作成し，当該実施計画による特定臨床研究の実施の適否および実施にあたって留意すべき事項について，認定臨床研究審査委員会の意見を聞いた上で，厚生労働大臣に提出しなければならない（同法5条1項）。加えて，特定臨床研究の対象者等の同意の取得（同法9条），個人情報の保護（同法10条），記録の保存（同法12条）などに関して，特定臨床研究を実施する者に義務が課されている。

　なお，「臨床研究」（医薬品等を人に対して用いることにより，当該医薬品等の有効性または安全性を明らかにする研究であって治験以外のもの（同法2条1項））であって，「特定臨床研究」に該当しないものを実施する場合にも，上記の義務（実施計画の厚生労働大臣への提出を除く）が努力義務として課せられている（同法4条1項，21条）。

　他にも，特定臨床研究の実施に起因するものを疑われる疾病等の発生を知ったときに，認定臨床研究審査委員会および厚生労働大臣に報告するという義務も課せられている（同法13条，14条）。

　さらに，これらの義務に法的拘束力があることの帰結として，特定臨床研究を実施する者が義務に従わない場合などに，厚生労働大臣は，特定臨床研究の全部または一部の停止を命ずることができるとされている（同法19条，20条）。

④　医療機器製造販売業者等の義務

　臨床研究法の規定の多くは，特定臨床研究を実施する者を対象としているものであるが，特定臨床研究に関係する医療機関製造販売業者等に対して義務を課す規定も存在する。

　1つ目は，契約の締結義務であり，医療機関製造販売業者等が特定臨床研究を実施する者に対して，自らが製造販売をし，またはしようとする医療機器を

用いる特定臨床研究についての研究資金等（臨床研究の実施に係る人件費，実施医療機関の賃借料その他臨床研究の実施に必要な費用に充てられることが確実であると認められる資金を含む，臨床研究の実施のための資金）の提供を行うときは，当該研究資金等の額および内容，当該特定臨床研究の内容，利益相反管理基準および利益相反管理計画の作成に関する事項等を定める契約を締結しなければならないとされている（同法32条）。

2つ目は，研究資金等の提供に関する情報等の公開義務であり，医療機器製造販売業者等は，自らが製造販売をし，またはしようとする医療機器を用いる特定臨床研究についての研究資金等の提供に関する情報の他，特定臨床研究を実施する者等に対する金銭その他の利益の提供に関する情報であってその透明性を確保することが特定臨床研究に対する国民の信頼の確保に資するものとして厚生労働省令で定める情報について，インターネット等により公表しなければならないとされている（同法33条）。

⑤ 臨床研究法の見直し

臨床研究法附則2条2項では，臨床研究法の施行後5年以内に，法の施行状況，臨床研究を取り巻く状況の変化等を勘案し，法の規定に検討を加え，必要があると認めるときは，その結果に基づいて所要の措置を講ずるものとしており，これを受けて厚生科学審議会臨床研究部会は，「臨床研究法施行5年後の見直しに係る検討の中間とりまとめ」を2021（令和3）年12月13日に公表した。

この中間とりまとめでは，基本的な考え方を(i)臨床研究実施体制の国際整合性，(ii)研究の法への該当性の明確化，(iii)手続の合理化，(iv)透明性の確保，(v)研究の質の確保という5つの枠組みで整理し，各枠組みについての課題の検討を行っており，今後の法改正の動向が注目される。

【ヘルスケア事業に参入する際のポイント】

✓ 製造販売承認を要する医療機器の研究開発においては，GLP，GCPを遵守しなければならず，研究開発にかかるコストが大きくなる。

> ✓　GCPの適用がない臨床研究であっても，臨床研究法でいう特定臨床研究に該
> 当する研究を行う場合，特定臨床研究を実施する者との間で契約を締結する
> とともに，研究資金等に関する情報を公開しなければならない。

4 ｜ 広告規制

(1)　薬機法上の規制

①　現行法の規制

　医療機器を含む医薬品等は，広告が適正を欠いた場合には，国民の保健衛生
という観点で，多大な影響を与えるおそれがあることから，薬機法では広告に
対する2つの規制を設けている。

　1つは誇大広告等の禁止であり，名称，製造方法，効能，効果または性能に
関して，明示的であると暗示的であるとを問わず，虚偽または誇大な記事を広
告し，記述し，または流布してはならないとされている（薬機法66条1項）。効
能，効果または性能について，医師その他の者がこれを保証したものと誤解さ
れるおそれがある記事を広告し，記述し，または流布することも同様に禁止さ
れている（同条2項）。この虚偽または誇大の判断は，個々の事例ごとに行わ
れるが，この判断，指導の基準として，昭55・10・9薬発1339号厚生省薬務局
長通知「医薬品等適正広告基準」（以下「適正広告基準」という）がある。こ
の適正広告基準については，下記(2)にて説明する。

　もう1つが承認前の広告の禁止であり，製造販売承認または第三者認証を受
けていない医療機器については，その名称，製造方法，効能，効果または性能
に関する広告が禁止されている（同法68条）。この規制は，承認（認証）前に
おいては，申請内容がそのとおり承認（認証）されるか否かは不明であり，承
認（認証）前の広告は，承認（認証）内容のいかんにより，虚偽または誇大な
広告になるおそれがあるため，これを未然に防止することを目的とするもので

ある。

この承認前の広告の禁止に違反した場合，厚生労働大臣または都道府県知事は，その行為の中止その他公衆衛生上の危険の発生を防止するに足りる措置をとるべきことを命ずることができるとされている（同法72条の5）。また，誇大広告等の禁止，承認前の広告の禁止の違反に対しては，業務改善命令（同法72条の4）や2年以下の懲役もしくは200万円以下の罰金，またはそれらの併科という罰則の定めもある（同法85条）。業務改善命令，中止命令や罰則そのもののペナルティもさることながら，自社や自社製品のレピュテーションへも多大な影響が及ぶ可能性等に鑑みると，違法な広告をすることのないよう十分な注意が必要である。

② 薬機法の改正による課徴金制度の創設

改正薬機法（2021（令和3）年8月1日施行）により，虚偽・誇大広告による医薬品等の販売に対する課徴金制度が創設された【図表2−13】。

課徴金制度は，薬機法により禁止している虚偽・誇大広告により販売で得た経済的利得を徴収し，違反行為者がそれを保持し得ないようにすることによって違反行為の抑止を図り，規制の実効性を確保するための措置として導入されたものである[20]。具体的には，厚生労働大臣は，薬機法66条1項に違反する虚偽・誇大広告を行った者に対し，課徴金対象期間に取引をした虚偽・誇大広告に係る医薬品等の対価の額の4.5％に相当する額の課徴金の納付を命じなければならないとの規定が導入された（同法75条の5の2第1項）。

この規定には例外もあり，業務改善命令等をする場合であって，保健衛生上の危害の発生または拡大に与える影響が軽微であると認められる場合は課徴金の納付を命じないこともでき，また，課徴金の額が225万円未満の場合は，課徴金の納付を命じることはできないとされている（同法75条の5の2第3項，第4項）。また，不当景品類及び不当表示防止法（以下「景表法」という）にも

20　松野晴菜「薬機法等の一部を改正する法律案の概要と論点」立法と調査412号60頁。

【図表 2 −13】 虚偽・誇大広告による医薬品，医療機器等の販売に係る課徴金制度【概要】

制度導入の趣旨

医薬品、医療機器等の品質、有効性及び安全性の確保等に関する法律で禁止している医薬品、医療機器等の虚偽・誇大広告に関し、虚偽・誇大広告の販売で得た経済的利得を徴収し、違反行為者がそれを保持し得ないようにすることによって違反行為の抑止を図り、規制の実効性を確保するための措置として、課徴金制度を導入する。

課徴金納付命令（第75条の5の2）

① **対象行為**：医薬品、医療機器等の名称、製造方法、効能、効果又は性能に関する虚偽・誇大な広告（第1項）

② **課徴金額**：原則、違反を行っていた期間中における対象商品の売上額 × 4.5%（注）（第1項）

③ **賦課**：対象行為に対しては課徴金納付命令をしなければならない。（第1項）

・ 業務改善命令等の処分をする場合で保健衛生上の危害の発生・拡大への影響が軽微であるとき等には、課徴金納付命令をしないことができる（第3項）

・ 課徴金額が225万円（対象品目の売上げ5000万円）未満の場合は、課徴金納付命令は行わない（第4項）

（注）過去の虚偽・誇大広告違反の事例を踏まえれば、対象となる虚偽・誇大広告違反は主として医薬品・医療機器の製造販売業者により行われることが想定される。このため、医薬品・医療機器製造販売業者の売上高営業利益率を参考に、算定率を設定した。

課徴金額の減額（第75条の5の3、第75条の5の4）

④ **減額**：以下の場合に課徴金額を減額

・ 同一事案に対して、不当景品類及び不当表示防止法の課徴金納付命令がある場合は、売上額 × 3%（※ 景表法の課徴金算定率）を控除

・ 課徴金対象行為に該当する事実を、事案発覚前に違反者が自主的に報告したときは50%の減額

除斥期間（第75条の5の5第7項）

⑤ **除訴期間**：違反行為をやめた日から5年を経過したときは、課徴金を賦課しない。

出所：厚生労働省「課徴金制度の導入について」
https://www.mhlw.go.jp/content/000609186.pdf

課徴金制度が存在するが，これらは重複して適用されるものではなく，虚偽・誇大広告について景表法上の課徴金納付命令がある場合は，景表法上の課徴金額である医薬品等の対価の額の 3 ％を控除することとなっている（同法75条の 5 の 3 ）。その他にも減額の仕組みがあり，虚偽・誇大広告を行った者が，虚偽・誇大広告を行った事実を厚生労働省令で定めるところにより自発的に厚生労働大臣に報告したときは，課徴金額の50％が減額されることとなっている（同法75条の 5 の 4 ）。

(2)　医薬品等適正広告基準

①　適正広告基準の対象事項

適正広告基準は，虚偽・誇大広告を禁止する薬機法66条 1 項の解釈を示す部

分，および医薬品等の本質に鑑み，その広告の適正を図るため，医薬品等について，消費者の使用を誤らせる，乱用を助長させる，または信用を損なうことがないよう遵守すべき事項を示す部分により構成されている。

対象となる広告に制限はなく，新聞，雑誌，テレビ，ラジオ，ウェブサイトおよびSNS等のすべての媒体における広告を対象としている（適正広告基準第2）。また，広告を行う者の責務として，使用者が当該医療機器を適正に使用することができるよう，正確な情報の提供に努めること，医薬品等の本質に鑑み，医薬品等の品位を損なうまたは信用を傷つけるおそれのある広告を行ってはならないことが明記されている（同基準第3）。適正広告基準の解説である平29・9・29薬生監麻発0929第5号厚生労働省医薬・生活衛生局長監視指導・麻薬対策課長通知「医薬品等適正広告基準の解説及び留意事項等について」（以下「適正広告基準解説」という）では，この一例として，アニメーションを用いる場合に，あまりにも誇張されたもの，品位に欠けるもの，視聴者に不快感，嫌悪感などを与える広告は行わないこと，語呂合わせがこの基準に抵触する場合が多いので注意を要することが指摘されている。

② 薬機法66条1項の解釈

薬機法66条1項の解説としては，大別すると，名称関係（同基準第4第1項），製造方法関係（同基準第4第2項），効能効果，性能および安全性関係（同基準第4第3項）がある。

医療機器における広告の観点から要点を紹介すると，まず名称関係については，製造販売承認または第三者認証（「4 広告規制」において，以下あわせて「承認等」という）を受けた医療機器は，その承認等を受けた名称または一般的名称以外の名称を使用してはならず，承認等を要しない医療機器は，その届出を行った一般的名称または届け出た販売名以外の名称を使用してはならないとされている。適正広告基準解説では，これらの制限は，医薬品等について広告する場合，他のものと同一性を誤認させないようにその範囲を示したものであると説明されている。なお，1品目として承認等を受けた，または届け出

【図表 2 −14】 適正広告基準における遵守事項および留意事項の概要①

	解　釈	留意事項等
1	承認等を要する医薬品等の効能効果等についての表現は，明示的または黙示的であるか否かにかかわらず，承認等を受けた効能効果等の範囲を超えてはならない。	➢ 効能効果等の二次的，三次的効果等の表現は，左記に抵触する。 ➢ しばり表現（効能効果等に付された一定の条件）を省略することなく正確に付記または付言する。
2	承認等を要しない医薬品等の効能効果等の表現は，医学，薬学上認められている範囲を超えてはならない。	➢ 判断については，国内外の文献および専門家の意見などを参考にする。
3	原材料，形状，構造および原理について，効能効果等または安全性に関して事実に反する認識を得させるおそれのある広告をしてはならない。	➢ 「誤操作の心配のない安全設計」等の表現は認められない。
4	用法用量等について，承認等を要する医薬品等にあっては承認等を受けた範囲または承認等を要しない医薬品等にあっては医学，薬学上認められている範囲を超えた表現，不正確な表現等を用いて効能効果等または安全性について，事実に反する認識を得させるおそれのある広告をしてはならない。	➢ 併用に関する表現は認められない。 ➢ 「使用法を問わず安全である」等のような表現は認められない。
5	医薬品等の効能効果等または安全性について，具体的効能効果等または安全性を摘示して，それが確実である保証をするような表現をしてはならない。	➢ 一般向けの広告にあっては，臨床データや実験例等を例示することが消費者に対して説明不足となり，かえって効能効果等または安全性について誤解を与えるおそれがあるため原則として行わない。 ➢ 使用前，後にかかわらず図面，写真等による表現については，承認等外の効能効果等を想起させるもの，効果発現までの時間および効果持続時間の保証となるものまたは安全性の

		保証表現となるものは認められない。
		➤ 使用感を説明する場合またはタレントが単に製品の説明や呈示を行う場合を除いて，愛用者の感謝の言葉や「私も使っています。」等使用経験または体験談的広告は，客観的裏づけとはなりえず，かえって消費者に対し効能効果等または安全性について誤解を与えるおそれがあるため行ってはならない。
		➤ 「副作用が少ない」,「刺激が少ない」等の表現は安全性について誤認させるおそれがあるため，使用しない。
		➤ 「すぐれたききめ」,「よくききます」等の表現を，キャッチフレーズ等の強調表現として使用することは認められない。
		➤ 家庭用電気治療器等に「安全です，安心してお使いください。」,「安全性が高い」等と漠然と記載したものは，左記に抵触する。
6	医薬品等の<u>効能効果等または安全性</u>について，<u>最大級の表現</u>またはこれに類する表現をしてはならない。	➤ 「新発売」,「新しい」等の表現は，製品発売後12か月間を目安に使用できる。 ➤ 効能効果等の表現で「強力な」,「強い」の表現は，原則として認められない。
7	医薬品等の<u>速効性，持続性等</u>についての表現は，<u>医学，薬学上認められている範囲を超えてはならない。</u>	➤ 「すぐ効く」,「ききめが3日は続く」等の表現は，原則として認められない。
8	医薬品等の<u>効能効果等</u>について<u>本来の効能効果等とは認められない効能効果等を表現</u>することにより，その効能効果等を誤認させるおそれのある広告を行ってはならない。	➤ 左記に反する表現は，（後述の）広告の適正を図るために遵守すべき事項にも抵触するおそれがある表現が多いため十分に注意が必要である。

【図表 2 −15】適正広告基準における遵守事項および留意事項の概要②

	遵守事項	留意事項等
4	医薬品等について<u>過量消費または乱用助長を促すおそれのある広告を行ってはならない。</u>	➤ 使用場面を広告で行う場合は，乱用助長につながらないよう十分注意すること。
5	<u>医療関係者が自ら使用することを目的として供給される医療機器で，</u>一般人が使用した場合に保健衛生上の危害が発生するおそれのあるものについては，<u>医療関係者以外の一般人を対象とする広告</u>を行ってはならない。	➤ 左記に該当する医療機器としては，原理および構造が家庭用電気治療器に類似する理学診療用器具等がある。
6	<u>医師または歯科医師の診断もしくは治療によらなければ一般的に治癒が期待できない疾患について，医師または歯科医師の診断もしくは治療によることなく治癒ができるかの表現</u>は，<u>医療関係者以外の一般人を対象とする広告</u>に使用してはならない。	➤ 左記の疾患とは，「胃潰瘍」，「糖尿病」，「高血圧」等一般大衆が自己の判断で使用した場合，保健衛生上重大な結果を招くおそれのある疾病をいう。 ➤ 疾病名を記載するだけであっても自己治癒を期待させるおそれがあるため，これに該当する疾病名は広告に使用しないよう注意すること。
8	<u>使用および取扱い上の注意を特に喚起する必要のある医薬品等について</u>広告する場合は，それらの事項を，または使用および取扱い上の注意に留意すべき旨を，付記しまたは付言しなければならない。	
9	医薬品等の品質，効能効果，安全性その他について，<u>他社の製品を誹謗するような広告</u>を行ってはならない。	➤ 他社の製品について事実を表現したのみでも左記に抵触する場合がある（例：どこでもまだ「××式製造方法」です）。 ➤ 製品同士の比較広告を行う場合は，自社製品の範囲で，その対照製品の名称を明示する場合に限定し，明示

			的，黙示的を問わず他社製品との比較広告は行わないこと。この場合でも説明不足にならないよう十分に注意すること。
10	医薬品等の効能効果等に関し，<u>世人の認識に相当の影響を与える公務所，学校または学会を含む団体が指定し，公認し，推薦し，または選用している等の広告</u>は行ってはならない。	➤	「公認」には，法による承認または許可等も含まれる。
		➤	特許に関する表現は，事実であっても左記に抵触する。
11	<u>過剰な懸賞，賞品等射幸心を煽る方法による医薬品等または企業の広告</u>を行ってはならない。また，<u>医薬品等の容器，被包等と引換えに医薬品等を授与する旨の広告</u>を行ってはならない。	➤	景品等を提供して販売・広告することは，景表法の規定に反しない限り認められる。
12	<u>広告に接した者に，不快，迷惑，不安または恐怖を与えるおそれのある表現を用いた広告</u>を行ってはならない。特に，電子メールによる広告を行う際は，販売業者の電子メールアドレス等の連絡先を表示する，件名欄に広告であることを表示する，消費者が今後電子メールによる広告の受け取りを希望しない場合にその旨の意思を表示するための方法を表示するなどの方法によらなければならない。	➤	テレビ等において症状，手術場面等の露骨な表現をすること，医薬品等の名称等についての著しい連呼行為等，視聴者等に対して不快感を与えるおそれのある表現または「あなたはこんな症状はありませんか，あなたはすでに〇〇病です」等の不必要な不安または恐怖感を与えるおそれのある表現をすることは認められない。
13	テレビ，ラジオの提供番組または映画演劇等において<u>出演者が特定の医薬品等の品質，効能効果等，安全性その他について言及し，または暗示する行為</u>をしてはならない。また，子ども向け提供番組における広告については，医薬品等について誤った	➤	テレビのワイドショー番組等において司会者等が特定製品のCMを行う場合は，「これからCMです。」等と明示した上で行うこと。

	認識を与えないよう特に注意しなければならない。	
14	医療機器について美容器具的または健康器具的用法を強調することによって消費者の安易な使用を助長するような広告を行ってはならない。	➤ 「美容器具的用法」とは，バイブレーター等を痩身目的に用いる用法等をいう。 ➤ 「健康器具的用法」とは，バイブレーターまたは家庭用電気治療器を運動不足の解消のために用いる用法等をいう。

た医療機器については，承認書等に記載された個々の型式名または種類名等を名称として称することが許容されている。

　次に，製造方法関係については，実際の製造方法と異なる表現またはその優秀性について事実に反する認識をさせるおそれのある表現をしてはならないとされている。適正広告基準解説では，具体例として，「最高の技術」，「最先端の製造方法」等最大級の表現または「近代科学の粋を集めた製造方法」，「理想的な製造方法」等最大級の表現に類する表現は，その優秀性について事実に反して誇大に誤認させるおそれがあるものであることから認められないと説明されている。また，他の例として，特許に関する虚偽または誇大な広告をすること，製品にかかわる研究内容について事実を正確に表現しないことや事実を強調して表現するようなことも許容されないと説明されている。

　効能効果または性能（「4　広告規制」において，以下あわせて「効能効果等」という）および安全性関係については，【図表2−14】のような説明が示されている。

③　広告の適正を図るために遵守すべき事項

　適正広告基準では，広告の適正を図るために遵守すべき事項が全部で11項目あげられており，その中で医療機器に関するものは10項目ある。これらに反した場合であっても薬機法違反とはならないが，後述する業界の自主基準においてこれらの基準が取り込まれており，その自主基準に反する場合には，業界団

体から指導等を受けることとなる可能性があるため，これら遵守すべき事項についても内容を把握しておく必要がある。【図表2－15】にて概要を紹介する。なお，左列の番号は，適正広告基準「第4」以下の枝番号である。

(3) 景表法

　景表法は，広告一般に適用されるものであり，医療機器の広告においても遵守しなければならない。

　景表法では，自己の提供する商品または役務について，優良誤認表示（商品または役務の品質，規格その他の内容について，一般消費者に対し，実際のものよりも著しく優良であると示し，または事実に相違して当該事業者と同種もしくは類似の商品もしくは役務を供給している他の事業者にかかるものよりも著しく優良であると示す表示であって，不当に顧客を誘引し，一般消費者による自主的かつ合理的な選択を阻害するおそれがあると認められるもの）および有利誤認表示（商品または役務の価格その他の取引条件について，実際のものまたは当該事業者と同種もしくは類似の商品もしくは役務を供給している他の事業者にかかるものよりも取引の相手方に著しく有利であると一般消費者に誤認される表示であって，不当に顧客を誘引し，一般消費者による自主的かつ合理的な選択を阻害するおそれがあると認められるもの）その他誤認されるおそれがある表示を行うことが禁止されている（同法5条）。

　そして，同条に違反して優良誤認表示または有利誤認表示を行ったときは，内閣総理大臣は，当該事業者に対し，当該行為に係る商品または役務の対価の3％に相当する額の課徴金の納付を命じなければならないとされている（同法8条）。医療機器に関するものではないが，近いもので健康食品については，課徴金納付命令が出される事案がたびたび発生しており，中には課徴金額が1億円を超えるケースもある。

　なお，景表法上の課徴金納付命令についても，改正薬機法の箇所で説明したような適用除外や金額基準（景表法の場合，150万円未満が基準），減額措置も存在している。

(4)　広告規制に関する自主基準

　ここまでは法律を中心に広告規制を紹介したが，医療機器の広告規制については，業界団体の自主基準も把握しておく必要がある。その1つに一般社団法人日本医療機器産業連合会（以下「医機連」という）の「医療機器適正広告ガイド集」がある。医機連とは，医療機器関連団体の連合体であり，2021（令和3）年6月時点で，20の団体（参加企業約4,300社）ならびに医機連の目的に賛同した賛助会員約160社および特別会員2団体により構成されている[21]。

　また，各業界団体においても自主基準が定められており，【図表2－16】はその一例である。

【図表2－16】業界団体における自主基準（一例）

団体名	基準名
一般社団法人日本コンタクトレンズ協会	コンタクトレンズの広告自主基準
一般社団法人電子情報技術産業協会	自動体外式除細動器（AED）の適正広告・表示ガイドライン
一般社団法人日本補聴器工業会	補聴器の適正広告・表示ガイドライン
一般社団法人日本ホームヘルス機器協会	家庭向け医療機器等適正広告・表示ガイド

【ヘルスケア事業に参入する際のポイント】

✓　薬機法により，医療機器の虚偽・誇大広告，承認前の広告が禁止されているので，広告をする時期，内容に注意する（虚偽・誇大広告を行った場合には，薬機法または景表法により課徴金が科される可能性もある）。

✓　法令による規制の他，厚生労働省の通知である適正広告基準や，業界団体の自主基準にも注意する。

21　医機連ホームページには，正会員，賛助会員および特別会員の一覧が掲載されている。

5 | その他の業界特有の規制

(1) 「医療用医薬品業，医療機器業及び衛生検査所業における景品類の提供に関する事項の制限」

　医薬品等の業界においては，企業と医療機関や医療従事者との関係に関する特有の規制がある。その１つが表題の制限であり，景表法３条に基づき告示が公表されている[22]。この告示のうち医療機器に関する部分を抜き出すと，医療機器の製造または販売を業とする者は，医療機関等に対し，医療機器の取引を不当に誘引する手段として，医療機器の使用のために必要な物品またはサービスその他正常な商慣習に照らして適当と認められる範囲を超えて景品等を提供してはならないとされている。この告示を受けて，次に説明する公正競争規約が制定されている。

(2) 医療機器業における景品等の提供の制限に関する公正競争規約

① 公正競争規約とは

　公正競争規約とは，景表法31条の規定により，公正取引委員会および消費者庁長官の認定を受けて，事業者または事業者団体が表示または景品類に関する事項について自主的に設定する業界のルールである。自主規制ではあるものの，景表法に基づき制定されるものであることから，その違反に対して違約金等の措置に関する定めを置くことも可能であり，医療機器業界を対象とした平10・11・16公正取引委員会認定，平10・11・16公正取引委員会告示第19号「医療機器業における景品等の提供の制限に関する公正競争規約」（以下「公競規」という）においても違反に対する措置の規定がある（公競規10条）。

---

[22]　平９・８・11公正取引委員会告示第54号「医療用医薬品業，医療機器業及び衛生検査所業における景品類の提供に関する事項の制限」。

　公競規は，事業者団体である医療機器業公正取引協議会（以下「公取協」という）により設定されたものであり，公競規に参加する事業者が公競規に違反する疑いがあるとして申告された場合には，公取協が調査を行い，公取協が違反に対する措置を行う。一方で，公競規に参加していない事業者に公競規違反に相当する事実の疑いが生じた場合は，公取協が調査を行うのではなく，公取協から申告を受けた消費者庁長官が調査を行い，必要な措置をとることになる。

②　景品類提供の制限の原則

　公競規は，医療機器の製造業および販売業における不当な景品類の提供を制限することにより，不当な顧客の誘引を防止し，一般消費者による自主的かつ合理的な選択および事業者（医療機器製造業者および医療機器販売業者等）間の公正な競争を確保することを目的に制定されたものである（公競規1条）。そして，当該目的を達成するため，事業者は，医療機関等（医療機関の役員，医療担当者その他従業員を含む）に対し，医療機器の取引を不当に誘引する手段として，景品類を提供してはならないとされている（公競規3条）。ここでいう「景品類」とは，文言どおりの「景品」に限定されるものではなく，顧客を誘引するための手段として，方法のいかんを問わず，事業者が自己の供給する医療機器の取引に付随して相手方に提供する物品，金銭その他の経済上の利益であって，㋐物品および土地，建物その他の工作物，㋑金銭，金券，預金証券，当せん金附証票および公社債，株券，商品券その他の有価証券，㋒きょう応（映画，演劇，スポーツ，旅行その他の催物等への招待または優待を含む），および㋓便益，労務その他の役務に該当するものをいうと定義されている（公競規2条6項）。

　景品類として提供が制限される例，制限されない例は，公競規において【図表2－17】のとおり明示されている（公競規4条，5条）。

【図表2－17】 公正競争規約における景品類提供の制限

提供が制限される例	提供が制限されない例
医療機関等に所属する医師，歯科医師その他の医療担当者および医療業務関係者に対し，医療機器の選択または購入を誘引する手段として提供する金品，旅行招待，きょう応，便益労務等	自社の取り扱う医療機器の適正使用または緊急時対応のために必要な物品または便益その他のサービスの提供
医療機関等に対し，医療機器の選択または購入を誘引する手段として無償で提供する医療機器，便益労務等	医療機器に関する医学情報その他自社の取り扱う医療機器に関する資料，説明用資材等の提供
	施行規則で定める基準による試用医療機器の提供
	医療機関等に依頼した医療機器の市販後調査，治験その他医学および医療機器に関する調査・研究の報酬および費用の支払
	医療機関等を対象として行う自社の取り扱う医療機器の講演会等に際して提供する華美，過大にわたらない物品もしくはサービスの提供または出席費用の負担

【図表2－17】で提供が制限されない例としてあげたものについては，公競規の施行規則（以下「公競規施行規則」という）において，さらに詳細が示されている。

まず，「試用医療機器」については，これは医療担当者が当該医療機器の使用に先立って，形状等の外観的特性について確認し，または有効性および安全性の評価に資するために臨床試用することを目的とするもので医療機関等に無償で提供する医療機器をいうが，提供基準として次のことが定められている。すなわち，(ｱ)試用医療機器は商用との判別ができるように表示すること，(ｲ)提供量は，医療機器の確認または評価のために必要な最小限度とすること，(ｳ)臨床に供する試用医療機器の提供にあたっては，あらかじめ医師等の書面による要請があった場合に限って提供することの3点を遵守することが求められてい

る（公競規施行規則2条）。

　また，市販後調査における症例報告（医師等が，医療機器製造業者の依頼に応じて，特定の種類の市販後医療機器を実際に使用した症例について，当該医療機器の有効性，安全性および品質に関する一定の事項を所定の調査票に記載し，報告すること）の報酬等については，それが症例報告の報酬を名目とした，自社の取り扱う医療機器の選択または購入を誘引する手段としての金銭提供であってはならないとされている。そのために，(ア)調査対象医療機器の採用・購入の継続または購入量の増加を条件として依頼しないこと，(イ)調査予定症例数は，調査目的，調査内容に照らして適正な数とすること，(ウ)調査の目的を十分に果たし得る医療機関等に依頼すること，(エ)調査目的，調査内容に照らして，依頼先が特定の地域，特定の種類の医療機関等に偏らないようにすること，(オ)医療機関または医師等の実際の診療例に比して過大な数の依頼をしないこと，(カ)症例報告の依頼は文書で行うこと，(キ)症例報告の報酬の額は，合理的に算定された額を超えてはならないこと，を遵守しなければならないとされている（公競規施行規則3条）。

　さらに，自社で取り扱う医療機器の講演会等（説明会，研究会等の名称のいかんを問わず，複数の医療機関等を対象として自社の取り扱う医療機器に関する説明を行うことを目的とする会合）における景品類等の提供については，開催地，会場その他開催方法について招待旅行またはきょう応と誤解されないよう留意しなければならないとされている。加えて，許容される出席費用等の支払については，(ア)講演等を依頼した講師等に対する社会通念上妥当な範囲の報酬・費用の支払，(イ)講師等以外の出席者に対する必要最小限の旅費の支払，(ウ)講演会等に附随する華美，過大にわたらない接待がこれに当たるとされている（公競規施行規則4条）。

　なお，景品類に該当する場合であっても，(ア)少額で，正常な商慣習に照らして適当と認められる範囲を超えない景品類，(イ)慣例として行われる親睦の会合に際して提供する社会通念上華美，過大にわたらない贈答，接待，(ウ)慣例として行われる自己または医療機関等の記念行事に際して提供する社会通念上華美，

過大にわたらない贈答，接待は，公競規3条の規定に違反しないものと整理されている（公競規施行規則5条）。

　なお，公取協は，これらのルールの下位基準に相当するルール，基準等も設けており，その内容を把握するには，公取協ホームページで公開されている「事前学習ノート」が参考になる。

③　公競規違反に対する措置

　公競規3条の違反があった場合，公競規を設定している公取協は，その違反行為を排除するために必要な措置をとるべき旨，その違反行為と同種または類似の違反行為を再び行ってはならない旨，その他これに関連する事項を実施すべき旨を文書によって警告することができる。また，事業者がその警告に従わない場合，当該事業者に対し100万円以下の違約金を課し，もしくは除名処分をし，または消費者庁長官に必要な措置を講ずるよう求めることができるとされている。なお，公取協は，事業者に対しこれらの警告をし，違約金を科し，または除名処分をしたときは，その旨を遅滞なく文書をもって消費者庁長官に報告するものとされている（公競規10条）。このように，公取協は，公競規違反の事例に対して，単なる注意等にとどまらない措置をとることができるので，自主規制であっても法令同様に公競規を遵守することが必要となる。

> **【ヘルスケア事業に参入する際のポイント】**
> - ✓ 医療機関等に対する景品類の提供に対しては，公競規において厳しい基準が設けられているので，他業界におけるものと同様の営業活動ができるとは考えてはならない。
> - ✓ 公競規の違反に対しては警告の他，違約金などの措置がとられる可能性もあるので，単なる自主規制にすぎないとみるのは危険である。

6 医療機器に関する薬機法違反事例

　医療機器に関する薬機法違反の1つの類型としては，無許可医療機器の販売があげられる。薬事監視による発見数だけでも，2012（平成24）年から2016（平成28）年までの5年間で毎年164〜187件に上る[23]。2017（平成29）年には，無許可医療機器の販売のみを理由とするものではないが，厚生労働省が刑事告発をした事案も発生している。

　なお，広告規制について，東京都福祉保健局では，令和3年度医薬品等広告講習会資料において，不適な広告事例として，たとえば筋肉運動補助器具に関して「これは，筋肉のトレーニングができる電動式スポーツマシンです。そして，そればかりではありません。仕事に疲れた時には肩や首に装着してこりをほぐしたり，ふくらはぎに巻いて運動後の足の疲れをとったりできる万能マシンなのです。」との表現をあげている。これは筋肉の運動のみを目的としたものではなく，肩こりに有効であったり，筋肉の疲れを取る効果等を標ぼうするものであることから不適とされたものと考えられる。また，美容関連器具に関する不適事例としては，「この器具の微弱な振動により，肌のシワ構造を改善し，10年前のお肌を作ります。また，モードを変えると，皮膚のシミを薄くする効果があります。」との表現があげられている。これは身体の構造・機能に影響を与える表現の広告であり，単に美容（洗顔や化粧品を塗る動作の代用程度）を目的とする場合を超えているため，不適とされたものと考えられる。

23　2018（平成30）年4月11日第1回医薬品医療機器制度部会資料1−3
　　https://www.mhlw.go.jp/content/10601000/000477354.pdf

第 **3** 章

健康食品・サプリメントに
関する規制

1 デジタルヘルスと 健康食品・サプリメント

　デジタルヘルスビジネスにおいては，その収入源として，当該サービスの利用料，広告料等の他に，健康改善のソリューション提供の一環として製品の購入につなげ，その売上に依拠することが考えられる。しかし，医薬品の取扱いについては，薬機法をはじめとする厳格な規制が適用されるため，医薬品に比して緩やかな規制となっている食品，特に健康食品やサプリメントを取り扱うことを検討する事業者が増えており，その中でもインターネットでの販売が多く見られるところである。そこで，本章では，主に健康食品・サプリメントと医薬品の相違点および健康食品・サプリメントのインターネット販売における注意点を中心に説明する。

2 食薬区分

(1) 医薬品の範囲に関する基準

　医薬品と（健康）食品との区別については，昭46・6・1薬発第476号厚生省薬務局長通知「無承認無許可医薬品の指導取締りについて」の中で，人が経口的に服用する物に関する「医薬品の範囲に関する基準」が定められており[1]，その基準をもとに製品が薬機法2条1項に規定する「医薬品」に該当するか否かが判断される。当該基準においては，医薬品と判定するための要素を後述する(ア)成分本質（原材料），(イ)効能効果，(ウ)形状，(エ)用法用量の4つに大別している。医薬品の該当性は，これら4要素に基づき，以下のとおり判断される。

---

[1]　令2・3・31薬生発0331第33号厚生労働省医薬・生活衛生局長通知「医薬品の範囲に関する基準の一部改正について」。

（i）効能効果，形状および用法用量のいかんにかかわらず，医薬品とされる成分本質が配合または含有されている場合は原則として医薬品とする。

（ii）医薬品とされる成分本質が配合または含有されていない場合であっても，効能効果，形状，用法用量が医薬品的である場合は原則として医薬品とみなす。

(2) 成分本質

　医薬品とされる成分本質は，「専ら医薬品として使用される成分本質（原材料）」（以下「医薬品成分」という）と，「医薬品効能効果を標ぼうしない限り医薬品と判断しない成分本質（原材料）」（以下「非医薬品成分」という）の2つに分類される。令2・3・31薬生監麻発0331第9号厚生労働省医薬・生活衛生局監視指導・麻薬対策課長通知「食薬区分における成分本質（原材料）の取扱いの例示」において，「専ら医薬品として使用される成分本質（原材料）リスト」および「医薬品的効能効果を標ぼうしない限り医薬品と判断しない成分本質（原材料）リスト」が示されている。

　医薬品成分は，基本的に人体に対する影響が大きいため，医薬品として決められたときに決められた量だけ服用し，その目的の達成とともに服用を中止するものである。さらに，使用方法を誤ればかえって身体状況を悪化させてしまうおそれがある。そのため，原則として食品としてこれらの成分は使用できない。外国の健康食品やサプリメントの中には，日本では医薬品成分とされているものが含まれているものもあり，これらを食品として輸入・販売することは，「無承認無許可医薬品」として薬機法等の指導取締りの対象となる。

　非医薬品成分における「医薬品と判断しない」とは，医薬品とみなさず，薬機法の規制を受けないということである。ただし，上記非医薬品成分のリストに収載された成分本質であっても，食品としての安全性等の評価がなされたものではなく，収載されているものを食品または食品添加物として使用する場合には，当然，食品衛生法の規制対象になる。

(3)　医薬品的な効能効果の標ぼうの禁止

　食品の表示や広告物などを作成する際には，たとえ成分が医薬品に該当しないものであっても，医薬品的な目的を有する物であるかのような説明をしている場合には，医薬品的な効能効果を標ぼうしているものとみなされる。

　基本的に，疾病の治療または予防を目的とする効能効果および身体の組織機能の一般的増強，増進を主たる目的とする効能効果の標ぼうは，医薬品的な効能効果の標ぼうに該当する。ここでいう「標ぼう」とは，その物の販売，授与に関連して次により行われる表示・広告方法をいう[2]。

　㋐　製品の容器，包装，添付文書等の表示物

　㋑　製品のチラシ，パンフレット等

　㋒　テレビ，ラジオ，新聞，雑誌，インターネット等による製品の広告

　㋓　小冊子，書籍

　㋔　会員誌，情報誌

　㋕　新聞，雑誌等の記事の切り抜き，書籍，学術論文等の抜粋

　㋖　代理店，販売店に教育用と称して配布される商品説明（関連）資料

　㋗　使用経験者の感謝文，体験談集

　㋘　店内および車内等における吊り広告

　㋙　店頭，訪問先，説明会，相談会，キャッチセールス等においてスライド，ビデオ等または口頭で行われる演述等

　㋚　その他特定商品の販売に関連して利用される上記に準ずるもの

2　昭62・9・22薬監第88号厚生省薬務局監視指導課長通知「無承認無許可医薬品の監視指導について」。

「医薬品的な効能効果」に該当する表現例は，以下のとおりである。

疾病の治療または予防を目的とする効能効果の表現	➢ 糖尿病・高血圧・動脈硬化の人に ➢ 胃・十二指腸潰瘍の予防 ➢ 肝障害，腎障害を治す ➢ がんがよくなる ➢ 眼病の人のために ➢ 便秘が治る
身体の組織機能の一般的増強，増進を主たる目的とする効能効果の表現（ただし，栄養補給，健康維持等に関する表現はこの限りでない）	➢ 疲労回復 ➢ 強精（強性）強壮 ➢ 体力増強 ➢ 食欲増進 ➢ 老化防止 ➢ 勉学能力を高める ➢ 回春 ➢ 若返り ➢ 精力をつける ➢ 新陳代謝を盛んにする ➢ 内分泌機能を盛んにする ➢ 解毒機能を高める ➢ 心臓の働きを高める ➢ 血液を浄化する ➢ 病気に対する自然治癒力が増す ➢ 胃腸の消化吸収を増す ➢ 健胃整腸 ➢ 病中・病後に ➢ 成長促進

　また，名称，含有成分，製法，起源等の記載説明において医薬品的な効能効果を暗示することも，医薬品的な効能効果を標ぼうすることと同様に扱われる。医薬品的な効能効果の暗示の例は以下のとおりである。

名称またはキャッチフレーズよりみて暗示するもの	延命○○，○○の精（不死源），○○の精（不老源），薬○○，不老長寿，百寿の精，漢方秘法，皇漢処方，和漢伝方等
含有成分の表示および説明よりみて暗示するもの	体質改善，健胃整腸で知られる○○を原料とし，これに有用成分を添加，相乗効果をもつ等
製法の説明よりみて暗示するもの	本邦の深山高原に自生する植物○○○○を主剤に，△△△，×××等の薬草を独特の製造法（製法特許出願）によって調製したものである。等
起源，由来等の説明よりみて暗示するもの	○○○という古い自然科学書をみると胃を開き，欝（うつ）を散じ，消化を助け，虫を殺し，痰などもなくなるとある。こうした経験が昔から伝えられたがゆえに食膳に必ず備えられたものである。等
新聞，雑誌等の記事，医師，学者等の談話，学説，経験談などを引用または掲載することにより暗示するもの	医学博士○○○○の談「昔から赤飯に○○○をかけて食べると癌にかからぬといわれている。……癌細胞の脂質代謝異常ひいては糖質，蛋白代謝異常と○○○が結びつきはしないかと考えられる。」等

⑷ 形　状

　従来は，原則として，医薬品的形状であった場合は，医薬品に該当すると判断されていた。しかし，現在では，容器等に「食品」である旨を明示している場合は，原則として，剤型の形状のみによって医薬品に該当するか否かの判断は行っていない。ただし，アンプル形状など通常の食品としては流通しない形状を用いることなどにより，消費者に医薬品と誤認させることを目的としていると考えられる場合は，医薬品と判断される。

医薬品と判断される形状

➢　アンプル剤

➢　舌下錠や，舌先へ滴下し，粘膜からの吸収を目的とするもの

➢　スプレー缶に充填して口腔内へ噴霧し，口腔内へ作用させることを目的としたもの

⑸ 用法用量

　医薬品は，その有効性および安全性を確保するという観点から，用法用量が詳細に定められている。医薬品の用法用量，特に服用時期および服用間隔は，その物に一定の効能効果を期待して初めて設定できる性格の強いものであり，これを食品に定めることは，一定の効果を期待する医薬品と誤認されやすい。よって，その物の使用方法として，服用時期，服用間隔，服用量等の標ぼうがある場合は原則として医薬品とみなされる。なお，食品としての摂取方法・調理法を示すものや過食を避けるための摂取量の上限を示す表現は，原則として医薬品的な用法用量とは判断されない。

　医薬品的な用法用量と判断される具体例は，以下のとおりである。

服用時期，服用間隔，服用量等を定める表現	➤　1日3回毎食後，1回2粒が適当です。 ➤　1日1回添付の小サジで，大人は3杯，小児は1杯半，幼児は1杯です。この使用量をよく守ることが大切です。サジですくって，直接嘗めとってください。湯や水に溶かして飲むのは良法ではありません。 ➤　本製品は，1日2〜3回，1回につき2〜3粒程度お飲みください。なお，○○を飲用後，体調がよくなった場合は，1日3回から2回，2回から1回と，徐々に回数を減らし，その後も1日1回，2〜3粒程度お飲みください。
症状に応じた用法用量を定める表現	➤　高血圧の方は，1日に10粒，便秘の方は，1日に3粒，適宜，体調にあわせてお召し上がりください。 ➤　便秘の特にひどい方（便秘薬の常用の方）は，夜の空腹時に便秘薬を飲み，朝の空腹時に○○○を飲んでください。便秘がよくなれば便秘薬より○○○だけを飲んでください。 ➤　心臓が弱い方や病気中の方は，1週間程度は通常量の倍ぐらいの量にし，様子を見てください。
医薬品に特有な服用方法と同様の表現	➤　オブラートに包んでお飲みください。

【図表 3 − 1】医薬品該当性の判断フロー

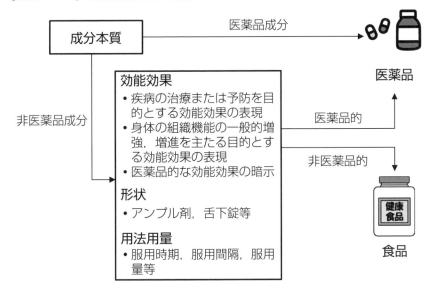

【ヘルスケア事業に参入する際のポイント】

✓ 健康食品やサプリメントを販売することを意図している場合，それが医薬品に該当すると，薬機法などの厳格な規制が適用されることに留意する（必要な手続を踏まないと「無承認無許可医薬品」として指導取締りの対象となる）。

✓ 医薬品該当性は，医薬品成分を含んでいる場合だけでなく，医薬品成分を含んでいない場合でも，その効能効果，形状，用法用量により医薬品と判断される場合がある点にも注意が必要である。

3 ｜ 保健機能食品

(1)　保健機能食品制度

　健康食品と呼ばれるものについて，法律上の定義はなく，広く健康の保持増進に資する食品として販売・利用されるもの全般を指す。そのうち，国の制度としては，国が定めた安全性や有効性に関する基準等を満たした「保健機能食品制度」がある。保健機能食品制度とは，一定の条件を満たした食品について，食品の機能性の表示をすることを認めるために創設された制度で，【図表3－2】のとおり，表示する機能等の違いによって，「特定保健用食品」，「栄養機能食品」および「機能性表示商品」の3つに分類されている。なお，具体的な表示のルールを定める食品表示基準（平成27年内閣府令第10号）により，保健機能食品以外の食品にあっては，保健機能食品と紛らわしい名称，栄養成分の機能および特定の保健の目的が期待できる旨を示す用語の表示が禁止されている。

【図表3－2】健康食品の分類

健康食品				医薬品
	保健機能食品			
いわゆる「健康食品」	栄養機能食品（自己認証）	機能性表示食品（事前届出）	特定保健用食品（個別許可）	医薬品

(2)　栄養機能食品

　栄養機能食品は，栄養成分の機能の表示を行うには，1日当たりの摂取目安量に含まれる栄養成分量が，国が定めた下限値・上限値の基準に適合する必要がある。定められた栄養成分の機能の表示の他，摂取する上での注意事項や消費者庁長官の個別の審査を受けたものではない旨等表示しなければならないが

（食品表示基準7条，21条），国への許可申請や届出の必要はない。

　栄養機能食品として表示する際に必要となる表示事項は以下のとおりである。

栄養機能食品の必要表示事項

㋐　栄養機能食品である旨および当該栄養成分の名称

㋑　栄養成分の機能

㋒　1日当たりの摂取目安量

㋓　栄養成分の量および熱量

㋔　摂取の方法

㋕　摂取する上での注意事項

㋖　バランスのとれた食生活の普及啓発を図る文言

㋗　消費者庁長官の個別の審査を受けたものではない旨

㋘　1日当たりの摂取目安量に含まれる機能に関する表示を行っている栄養成分量が，栄養素等表示基準値に占める割合

㋙　栄養素等表示基準値の対象年齢および基準熱量に関する文言

㋚　調理または保存の方法に関し特に注意を必要とするものは，その注意事項

㋛　特定の対象者に対し注意を必要とするものにあっては，当該注意事項

㋜　保存方法（生鮮食品のみ）

㋝　その他（生鮮食品のみ）

　なお，栄養機能食品には下記の事項について表示することはできない。

栄養機能食品の表示禁止事項

㋐　栄養機能食品として機能等の表示が認められている栄養成分以外の成分の機能の表示

㋑　特定の保健の目的が期待できる旨の表示

---

(3)　機能性表示食品

　機能性表示食品は，安全性および機能性に関する一定の科学的根拠に基づき，「食品関連事業者」（食品の製造，加工（調整および選別を含む）もしくは輸入を業とする者（当該食品の販売をしない者を除く）または食品の販売を業とする者をいう。食品表示法2条3項1号）の責任において，疾病に罹患していない者（未成年者，妊産婦（妊娠を計画している者を含む）および授乳婦を除く）に対し，機能性関与成分によって健康の維持および増進に資する特定の保健の目的（疾病リスクの低減に係るものを除く）が期待できる旨を科学的根拠に基づいて容器包装に表示した食品である。機能性表示食品は，必要事項を販売日の60日前までに消費者庁長官へ届け出なければならない（食品表示基準2条1項10号）。届出の際には，以下の資料を提出する必要がある。

　㋐　当該食品に関する表示の内容

　㋑　食品関連事業者名および連絡先などの食品関連事業者に関する基本情報

　㋒　安全性および機能性の根拠に関する情報

　㋓　生産・製造および品質の管理に関する情報

　㋔　健康被害の情報収集体制

　㋕　その他必要な事項

　この届出に関連するものとして，以下の政令，通知等がある。なお，これらの資料はたびたび更新されているため，届出を行う際には，これらの最新版を確認しておくべきである。なお，届出は「機能性表示食品制度届出データベース」によりオンラインで行う。

　㋐　「食品表示基準」（平成27年内閣府令第10号）

　㋑　平27・3・30消食表第139号消費者庁次長通知「食品表示基準について」

　㋒　平27・3・30消食表第140号消費者庁食品表示企画課長通知「食品表示基準

Q&Aについて」

(エ) 令4・4・1消食表第136号消費者庁食品表示企画課長通知「「機能性表示食品の届出等に関するガイドライン」及び「機能性表示食品に関する質疑応答集」の一部改正について」

(オ) 平27・6・19消費者庁「機能性表示食品の広告等に関する主な留意点」

(カ) 令2・3・24消費者庁「機能性表示食品に対する食品表示等関連法令に基づく事後的規制（事後チェック）の透明性の確保等に関する指針」

(キ) 平30・10・25消費者庁食品表示企画課「機能性表示食品の届出後における安全性及び機能性を担保するための取組並びに健康被害の未然防止・拡大防止を図るための取組推進依頼について」

機能性表示食品として表示する際に必要となる表示事項は，以下のとおりである（食品表示基準3条2項，18条2項）。

機能性表示食品の必要表示事項

(ア) 機能性表示食品である旨

(イ) 科学的根拠を有する機能性関与成分および当該成分または当該成分を含有する食品が有する機能性

(ウ) 栄養成分の量および熱量

(エ) 1日当たりの摂取目安量当たりの機能性関与成分の含有量

(オ) 1日当たりの摂取目安量

(カ) 届出番号

(キ) （加工食品のみ）食品関連事業者の連絡先
（生鮮食品のみ）食品関連事業者の氏名または名称，住所および連絡先

(ク) 機能性および安全性について国による評価を受けたものではない旨

(ケ) 摂取の方法

(コ) 摂取をする上での注意事項

(サ) バランスのとれた食生活の普及啓発を図る文言

㊟ 調理または保存の方法に関し特に注意を必要とするものにあっては当該注意事項

㊟ 疾病の診断，治療，予防を目的としたものではない旨

㊟ 疾病に罹患している者，未成年者，妊産婦および授乳婦に対し訴求したものではない旨（加工食品のみ）

㊟ 疾病に罹患している者は医師，医薬品を服用している者は，医師，薬剤師に相談した上で摂取すべき旨

㊟ 体調に異変を感じた際は速やかに摂取を中止し医師に相談すべき旨

㊟ 保存の方法（生鮮食品のみ）

　なお，機能性表示食品には，下記の事項を表示することはできない（食品表示基準9条1項8号，23条1項6号）。

機能性表示食品の表示禁止事項

㋐ 疾病の治療または予防効果を標ぼうする用語

㋑ 消費者庁長官に届け出た機能性関与成分以外の成分を強調する用語

㋒ 消費者庁長官の評価，許可等を受けたものと誤認させるような用語

㋓ 食品表示基準別表第9の第1欄で定められた栄養成分の機能を示す用語

(4)　特定保健用食品

　特定保健用食品は，身体の生理学的機能等に影響を与える保健機能成分を含んでおり，「おなかの調子を整える」，「コレステロールの吸収を抑える」，「食後の血中中性脂肪の上昇を抑える」等，健康の保持増進や特定の保健の用途に役立つ旨を表示して販売される食品である。特定保健用食品として販売するためには，摂取者に与える影響など，科学的知見に基づき，安全性および効果について個別の食品ごとに国による審査を受け，表示許可を得なければならない（健康増進法43条1項）。

特定保健用食品は以下のとおり区分される。

特定保健用食品	食生活において特定の保健の目的で摂取をする者に対し，その摂取により当該保健の目的が期待できる旨の表示をする食品
条件付き特定保健用食品	特定保健用食品の審査で要求している有効性の科学的根拠のレベルには届かないものの，一定の有効性が確認される食品を，限定的な科学的根拠である旨の表示をすることを条件として許可する特定保健用食品
特定保健用食品（規格基準型）	特定保健用食品としての許可実績が十分であるなど科学的根拠が蓄積されている関与成分について規格基準[3]を定め，消費者委員会の個別審査なく，消費者庁において規格基準への適合性を審査し許可する特定保健用食品
特定保健用食品（疾病リスク低減表示）	関与成分の疾病リスク低減効果が医学的・栄養学的に確立されている場合，疾病リスク低減表示を認める特定保健用食品（現在は関与成分としてカルシウムおよび葉酸がある）
特定保健用食品（再許可等）	すでに許可を受けている食品について，商品名や風味等の軽微な変更等をした特定保健用食品

[3] 平26・10・30消食表第259号消費者庁次長通知「特定保健用食品の表示許可等について」別添3 特定保健用食品（規格基準型）制度における規格基準。

　特定保健用食品として表示する際に必要となる表示事項は，以下のとおりである（健康増進法に規定する特別用途表示の許可等に関する内閣府令8条1項）。

特定保健用食品の必要表示事項

⑺　商品名

⑻　消費期限または賞味期限

⑼　保存の方法

⑽　製造所所在地

⑾　製造者の氏名

⑿　許可証票

⒀　許可を受けた表示の内容

⒁　栄養成分量，熱量および原材料の名称

⒂　特定保健用食品である旨（条件付き特定保健用食品にあっては，条件付き特定保健用食品である旨），内容量，1日当たりの摂取目安量，摂取の方法，摂取をする上での注意事項およびバランスのとれた食生活の普及啓発を図る文言

⒃　保健の目的に資する栄養成分について国民の健康の維持増進等を図るために性別および年齢階級別の摂取量の基準が示されているものにあっては，1日当たりの摂取目安量に含まれる当該栄養成分の，当該基準における摂取量を性および年齢階級（18歳以上に限る）ごとの人口により加重平均した値に対する割合

⒄　摂取，調理または保存の方法に関し，特に注意を必要とするものについては，その注意事項

⒅　許可を受けた者が，製造者以外の者であるときは，その許可を受けた者の営業所所在地および氏名（法人にあっては，その名称）

【ヘルスケア事業に参入する際のポイント】

✓ いわゆる「健康食品」のうち，一定の条件を満たしたものは，「特定保健用食品」，「栄養機能食品」または「機能性表示食品」として，食品の機能性を表示することで他製品と差別化を図ることが可能である。

4 製造・輸入・販売に関する規制

(1) 営業許可および届出

　食品に関する営業にはさまざまな業種があり，従来，食品衛生法および関連条例によって営業許可が必要なものが定められていたところ，HACCP[4]に沿った衛生管理の制度化を含む2018（平成30）年の食品衛生法改正により，営業許可制度に関する見直しが行われた。改正後の食品衛生法においては，営業許可が必要な業種の見直しが行われ，2021（令和3）年6月1日の施行時点において以下の32業種について営業許可が必要とされている（食品衛生法55条，54条，同法施行令35条）。また，営業届出制度が創設され，許可営業および届出対象外営業[5]を除くすべての営業を営もうとする者が都道府県知事に対して営業届出を行う必要があることにも留意する必要がある（同法57条1項）。

4　HACCP（Hazard Analysis and Critical Control Point）とは，食品等事業者自らが食中毒菌汚染や異物混入等の危害要因（ハザード）を把握した上で，原材料の入荷から製品の出荷に至る全工程の中で，それらの危害要因を除去または低減させるために特に重要な工程を管理し，製品の安全性を確保しようとする衛生管理の手法をいう。
　　参考：厚生労働省ホームページ「HACCP（ハサップ）」
　　https://www.mhlw.go.jp/stf/seisakunitsuite/bunya/kenkou_iryou/shokuhin/haccp/index.html
5　公衆衛生に与える影響が少ない営業で政令で定めるものおよび食鳥処理の事業をいう（食品衛生法57条1項カッコ書）。

【図表3-3】営業許可が必要な32業種

1 飲食店営業／2 調理の機能を有する自動販売機／3 食肉販売業／4 魚介類販売業／5 魚介類競り売り営業／6 集乳業／7 乳処理業／8 特別牛乳搾取処理業／9 食肉処理業／10 食品の放射線照射業／11 菓子製造業／12 アイスクリーム類製造業／13 乳製品製造業／14 清涼飲料水製造業／15 食肉製品製造業／16 水産製品製造業／17 氷雪製造業／18 液卵製造業／19 食用油脂製造業／20 みそまたはしょうゆ製造業／21 酒類製造業／22 豆腐製造業／23 納豆製造業／24 麺類製造業／25 そうざい製造業／26 複合型そうざい製造業／27 冷凍食品製造業／28 複合型冷凍食品製造業／29 漬物製造業／30 密封包装食品製造業／31 食品の小分け業／32 添加物製造業

　営業許可を受けるためには，食品衛生管理者または食品衛生責任者を設置し（同法施行規則67条4号），かつ各都道府県が条例で定める施設の基準を満たす必要がある。従来，この施設の基準については，都道府県ごとに基準が異なる場合があり，都道府県ごとの許可の基準に対応することが事業者への負担となっていた。そのため，改正後の食品衛生法では，都道府県が条例で定める営業施設の基準については，厚生労働省令で定める基準を参酌して定めることとされ，各営業に共通する事項および営業ごとの事項について，詳細な基準が示され，都道府県ごとの差異については立法的な解決がなされた（同法54条，同法施行規則66条の7）。

　また，営業届出を行う場合には，食品衛生責任者の設置が義務づけられた（同法施行規則70条の2）。

(2)　輸　入

　販売または営業上使用する食品，添加物等を輸入する場合には，その都度厚生労働大臣に届け出なければならない（同法27条）。また，食品衛生法の安全性に関する規制に適合する食品であることの審査等を受け，届出済証を取得することが必要となる。

　また，国内産業の保護や品質と安全の確保，自然や社会環境の保全などの観点から，食品輸入を規制している法令が他にある点も注意が必要である。たと

えば，ワシントン条約該当物品に関する貿易管理，日本国内の植物や家畜への安全性を確保するための植物防疫，動物検疫等があげられる。なお，錠剤，カプセル状等の形状の食品を輸入する際は，輸入しようとする製品が適正な製造工程管理の下で製造されていることを輸入元の製造者に確認するとともに，輸入前に，事業所所在地を管轄する都道府県の薬務担当課に医薬品の該当性について相談した上で，医薬品の該当性につき確認した内容（確認日，確認先，対象原材料・成分，取扱い等）を，事業者自身が文書に記録すること等が求められている（平14・7・19食検発第0719001号厚生労働省食品保健部企画課検疫所業務管理室長通知「健康食品に係る輸入届出の取扱いについて」）。

さらに，2020（令和2）年6月1日に施行された改正後の食品衛生法により，食品の輸出入に関してもHACCPの考え方に基づく取扱いが必要となった。具体的には，(ア)販売の用に供するために輸入される獣畜および家きんの肉および臓器（以下「食肉等」という）については，HACCPに基づく衛生管理が講じられている国もしくは地域または施設において製造等された食肉等でなければ輸入してはならないこととされ（同法11条1項，同法施行規則11条の2第1項），また，(イ)販売の用に供するために輸入される乳および乳製品については，健康な獣畜由来であること等の確認のため，輸出国の政府機関によって発行された衛生証明書の添付が必要となった（同法10条2項，同法施行規則8条）。そのため，これらの食品について輸入販売を行うことを検討する場合には注意が必要である。

(3) 健康被害情報の報告制度

従来，食品衛生法では健康食品による健康被害の情報を収集する制度が存在しておらず，健康被害への対応についての情報が不足していたことを受け，2018（平成30）年の食品衛生法の改正において，健康被害情報の報告制度が創設され，2020（令和2）年6月1日に施行された。これにより，食品衛生上の危害の発生を防止する見地から特別の注意を必要とする成分または物（以下「指定成分等」という）であって厚生労働大臣が指定したものを含む食品（以

下「指定成分等含有食品」という）を取り扱う者は，その取り扱う指定成分等含有食品が人の健康に被害を生じ，または生じさせるおそれがある旨の情報を得た場合には，これを都道府県知事等に届け出る義務が課された（同法8条1項）。2021（令和3）年12月時点において，指定成分等として厚生労働大臣に指定されているものは4種類[6]であるが，指定成分等は別名で流通していることもあり[7]，健康食品を取り扱う場合には注意する必要がある。

(4)　販売方法に関わる規制

①　特定商取引法

　上記(1)で述べたとおり，健康食品を販売する際，食品の種類によっては食品衛生上の観点から販売業の許可が必要となる場合があるが，加えて「訪問販売」，「通信販売」等，特定の取引類型の場合は，特定商取引に関する法律（以下「特商法」という）により規制される点も留意すべきである。特に，日本の健康食品販売事業の多くはインターネット販売によるものであり，規制内容の確認が求められるところである。

　以下では，インターネット販売を含む「通信販売」（特商法2条2項）に関する規制であって，健康食品販売事業に関連するものについて紹介する。

　なお，特商法における「通信販売」とは，郵便，信書便，通信機器，情報処理の用に供する機器，電報，預貯金の口座振込により契約の申込みを受けて行う商品，指定権利，役務の販売・提供をいい，ここには，インターネット通販も含まれる。

②　広告表示義務（特商法11条）

　通信販売事業者は，通信販売をする場合の商品の販売条件について広告をするときは，当該広告に㋐販売価格（送料が含まれない場合は販売価格と送料），

6　令2・3・27厚生労働省告示119号。
7　令2・3・27生食発0327第3号厚生労働省大臣官房生活衛生・食品安全審議官通知「食品衛生法等の一部を改正する法律による改正後の食品衛生法第8条の施行に伴う関係法令等の整備について」。

㈠代金の支払時期および方法，㈡商品の引渡時期，㈢商品の売買契約の申込みの撤回，または解除に関する事項（返品特約の内容を含む），㈣主務省令で定める事項（販売業者の名称，住所および電話番号等の特商法施行規則8条に定める事項）を表示しなければならない。これは，販売業者から購入者等に対する唯一の情報提供手段である広告中に一定の事項について明確な表示を行わせることで，後日，取引条件等についてトラブルが発生するのを防止するための規定である。

③ 誇大広告等の禁止（特商法12条）

通信販売事業者は，通信販売をする場合の商品の販売条件について広告するときは，当該商品の性能，当該商品の売買契約の申込みの撤回または売買契約の解除に関する事項，その他の主務省令で定める事項について，著しく事実に相違する表示をし，または実際のものよりも著しく優良であり，もしくは有利であると人を誤認させるような表示をしてはならない。

④ 承諾していない者に対する電子メール広告の提供の禁止等（特商法12条の3）

通信販売事業者は，相手方の承諾を得ないで通信販売の電子メール広告をしてはならず（オプトイン規制），承諾を受けたときでも，相手方から電子メール広告の提供を受けない旨の表示を受けたときは，電子メール広告をすることはできない（オプトアウト規制）。また，上記にいう「承諾」があったといえるためには，承諾をすれば電子メール広告が提供されるようになることを消費者が認識できるような方法で，承諾の取得が行われる必要があると解されている。

⑤ 顧客の意に反して契約の申込みをさせようとする行為の禁止（特商法14条1項2号）

特商法14条1項2号では，通信販売業者等は，「顧客の意に反して通信販売

に係る売買契約又は役務提供契約の申込みをさせようとする行為として主務省令（筆者注：特商法施行規則16条1項）で定めるもの」をした場合において，取引の公正および購入者等の利益が害されるおそれがあると認めるときには，主務大臣が指示を行うことができる旨が定められている。とりわけ，インターネット通販に関するものとしては，消費者庁が「インターネット通販における『意に反して契約の申込みをさせようとする行為』に係るガイドライン」を策定しているので，インターネット通販を行う際には，同ガイドラインの内容に留意しなければならない。

⑥　報告および立入検査（特商法66条）

　特商法の執行に関して，主務大臣は，特商法を施行するため必要があると認めるときは，通信販売事業者等に報告もしくは帳簿，書類その他の物件の提出を命じ，またはその職員に通信販売事業者等の店舗等に立ち入り，帳簿，書類その他の物件を検査させ，もしくは従業員その他の関係者に質問させることができるとされており，事業者としては，これも踏まえて規制を遵守することが求められる。

【ヘルスケア事業に参入する際のポイント】

✓　健康食品やサプリメントを販売する場合，食品衛生法に基づく営業許可・届出の要否を確認する必要がある。

✓　インターネット販売を含む「通信販売」等により健康食品やサプリメントを販売する場合には，特商法上の広告表示義務，誇大広告の禁止などの規制を遵守しなければならない。

---

5 表示・広告に係る規制等

(1) 健康食品の表示・広告に係る法令

健康食品の表示については，さまざまな規制が存在し，法令違反も多数みられるところであるから，注意が必要である。製品の表示をする際に関係する主な法令は【図表3－4】のとおりである。

【図表3－4】製品を表示する際の主な関係法令

法律名	主な規制対象	禁止表示事項	規制官庁
食品表示法	・生鮮食品 ・加工食品 ・添加物	優良誤認等を与える表示の禁止	消費者庁 農林水産省 財務省
健康増進法	・特別用途食品 ・容器包装，パンフレット，雑誌，インターネット等による広告等	特別用途食品の表示および健康の保持増進の効果に係る誇大広告の禁止	消費者庁 厚生労働省
景品表示法	・容器包装，パンフレット，雑誌，インターネット等による広告等	優良誤認等を与える表示の禁止	消費者庁
JAS法	・容器包装，パンフレット，雑誌，インターネット等による広告等	有機JAS規格の格付けを受けていない製品への「有機」の表示の禁止	消費者庁 農林水産省
薬機法	・容器包装，パンフレット，雑誌，インターネット等による広告等	医薬品的な効能効果の標ぼうの禁止	厚生労働省
食品衛生法	・容器包装に入れられた食品および食品添加物の表示および広報	公衆衛生の見地から危害を及ぼすおそれのある虚偽等の表示または広告の禁止	消費者庁 厚生労働省

　以下，特に問題となる景表法，健康増進法，薬機法に基づく広告規制について説明する。

(2)　景表法による表示・広告規制

　景表法は，「商品及び役務の取引に関連する不当な景品類及び表示による顧客の誘引を防止するため，一般消費者による自主的かつ合理的な選択を阻害するおそれのある行為の制限及び禁止について定めることにより，一般消費者の利益を保護すること」を目的としている（同法 1 条）。

　健康食品の表示・広告については，その商品内容についての優良誤認表示（景表法 5 条 1 号，7 条 2 項）および取引条件についての有利誤認表示（同法 5 条 2 号）が問題となる。

　「第 2 章　医療機器規制」で述べたとおり，優良誤認表示は，商品の品質，規格その他の内容について，一般消費者に対し，実際のものよりも著しく優良であると示し，または事実に相違して当該事業者と同種もしくは類似の商品を供給している他の事業者に係るものよりも著しく優良であると示す表示であって，不当に顧客を誘引し，一般消費者による自主的かつ合理的な選択を阻害するおそれがあると認められる広告その他の表示を行うことを指す。

　また，取引条件についての有利誤認表示は，商品の価格その他の取引条件について，実際のものまたは当該事業者と同種もしくは類似の商品を供給している他の事業者に係るものよりも取引の相手方に著しく有利であると一般消費者に誤認される表示であって，不当に顧客を誘引し，一般消費者による自主的かつ合理的な選択を阻害するおそれがあると認められる広告その他の表示を行うことを指す。

　たとえば，以下のような表現は，景表法違反となる可能性が高い。

> ➤　「今月末までの限定キャンペーン！定期購入の初回分を無料で提供します！」と表示しているにもかかわらず，当該月末経過後においても，同様のキャンペーンを継続している場合

> ➤ 「通常3,000円で販売している商品ですが，初めて申込みをしていただいた方には，特別に980円で提供します」と表示しているにもかかわらず，実際には，当該商品を最近相当期間にわたって3,000円で販売したことがない場合

　近年では，インターネット上の広告手法の多様化・高度化等に伴い，アフィリエイト・プログラムを利用した成果報酬型の広告（いわゆるアフィリエイト広告）が増加しているが，消費者庁では2021（令和3）年6月からアフィリエイト広告等に関する検討会[8]が開催されるなど，インターネット上の広告に関する関心が高まっている。2021（令和3）年11月9日には，SNSサービス「Instagram（インスタグラム）」内のアカウントの保有者（いわゆるアフィリエイター）に具体的な投稿内容を指示して，Instagram上にアフィリエイト広告を投稿させた事業者に対し，当該投稿が優良誤認表示に該当するとして初の措置命令が行われて注目を浴びた。

(3) 健康増進法による表示・広告規制

　健康増進法は，「我が国における急速な高齢化の進展及び疾病構造の変化に伴い，国民の健康の増進の重要性が著しく増大していることにかんがみ，国民の健康の増進の総合的な推進に関し基本的な事項を定めるとともに，国民の栄養の改善その他の国民の健康の増進を図るための措置を講じ，もって国民保健の向上を図ること」を目的としている（同法1条）。

　その上で，健康増進法では，何人も，食品として販売に供する物に関して広告その他の表示をするときは，健康の保持増進の効果その他内閣府令で定める事項（以下「健康保持増進効果等」という）について，著しく事実に相違する表示をし，または著しく人を誤認させるような表示をしてならないとして，虚偽誇大広告を禁止している（同法65条1項）。

8　消費者庁ウェブサイト「アフィリエイト広告等に関する検討会」
　https://www.caa.go.jp/policies/policy/representation/meeting_materials/review_meeting_003/

　当該表示には，インターネット媒体の広告も含む。また，健康保持増進効果等には，㋐疾病の治療または予防を目的とする効果，㋑身体の組織機能の一般的増強，増進を主たる目的とする効果，㋒特定の保健の用途に適する旨の効果，㋓栄養成分の効果が含まれ，これらに関する虚偽誇大広告をすると，同法に違反し，消費者庁より勧告を受けることとなる。その基準は，一般消費者が受ける印象・認識が基準となるため，表示内容全体から個別に判断される。

　禁止の対象となる「著しく事実に相違する表示」および「著しく人を誤認させるような表示」については，以下のとおり解されている[9]。

> ➤　「著しく」

　誇張・誇大の程度が社会一般に許容されている程度を超えていることを指しているものであり，誇張・誇大が社会一般に許容される程度を超えるものであるかどうかは，当該広告その他の表示を誤認して顧客が誘引されるかどうかで判断され，その誤認がなければ顧客が誘引されることは通常ないであろうと認められる程度に達する広告その他の表示が該当する。

> ➤　「事実に相違する」

　広告その他の表示に表示されている健康保持増進効果等と実際の健康保持増進効果等が異なることを指す。

> ➤　「人を誤認させる」

　広告その他の表示から認識することとなる健康保持増進効果等の「印象」や「期待感」と健康の保持増進の実際の効果等に相違があることを指す。なお，「誤認」とは，実際のものと一般消費者が当該広告その他の表示から受ける印象との間に差が生じることをいうことから，社会常識や用語等などの一般的な意味などを基準に判断して，こうした差が生じる可能性が高いと認められる場合には，当該広告その他の表示は「誤認させる」ものに該当し，現実に一般消費者が誤認し

9　令2・4・1消表対第431号「食品として販売に供する物に関して行う健康保持増進効果等に関する虚偽誇大広告等の禁止及び広告等適正化のための監視指導等に関する指針（ガイドライン）」。

たという結果まで必要としない。

　近年は，インターネット上の口コミサイトやブログ等における「口コミ情報」による宣伝広告が行われるところ，このような口コミ情報については，一般消費者は通常，中立・公正な第三者によって書き込まれたものと認識することから，通常の広告に比べて一般消費者の商品選択に与える影響が一般的に大きいと考えられる。そのため，健康食品の販売事業者等が書き込んだ口コミ情報によって表示される健康保持増進効果等と実際の効果に相違がある場合には，通常「著しく」に該当するとされていることに留意する必要がある[10]。

　また，以下のような場合には，景表法または健康増進法における虚偽誇大表示等に該当すると判断されるおそれがある。

> ㋐　**特定保健用食品において問題となる表示**
> ➤ 許可を受けた表示内容を超える表示
> ➤ 試験結果やグラフの使用方法が不適切な表示
> ➤ アンケートやモニター調査等の使用方法が不適切な表示
> ➤ 医師または歯科医師の診断，治療等によることなく疾病を治癒できるかのような表示
> ㋑　**機能性表示食品において問題となる表示**
> ➤ 届出内容を超える表示
> ➤ 特定保健用食品と誤認される表示
> ➤ 国の評価，許可等を受けたものと誤認される表示
> ➤ 表示の裏づけとなる科学的根拠が合理性を欠いている場合
> ㋒　**栄養機能食品において問題となる表示**
> ➤ 国が定める基準に係る栄養成分以外の成分の機能の表示
> ➤ 国が定める基準を満たさない食品についての栄養成分の機能の表示

10　令2・4・1消費者庁「健康食品に関する景品表示法及び健康増進法の留意事項について」。

> **㈜　保健機能食品以外の健康食品（いわゆる健康食品）において問題となる表示**

- ➤ 医師または歯科医師の診断，治療等によることなく疾病を治癒できるかのような表示

- ➤ 健康食品を摂取するだけで，特段の運動や食事制限をすることなく，短期間で容易に著しい痩身効果が得られるかのような表示

- ➤ 最上級またはこれに類する表現を用いている場合

- ➤ 体験談の使用方法が不適切な表示

- ➤ 体験結果やグラフの使用方法が不適切な表示

- ➤ 行政機関等の認証等に関する不適切な表示

- ➤ 価格等の取引条件について誤認させる表示

(4)　薬機法による表示・広告規制

　上記[2]で述べたとおり，成分が医薬品に該当しないものであっても，医薬品的な標ぼうをすることで，医薬品とみなされることになるため，食品の表示や広告物などを作成する際には，医薬品的な効能効果，用法用量の標ぼうや配合もしくは含有する成分（原材料）の標ぼうの仕方について注意をしなければならない。

　広告違反については，特定の成分の効果などを紹介した情報欄の，極めて近い部分に意図的に当該成分を含有する製品の広告を行った場合や新聞紙で数日連続して掲載した広告および同日に複数のテレビ局で放送した広告等については，各独立した広告とみた場合に薬機法違反でない場合であっても，全体で1つの広告としてみたときに，広告の読み手が医薬品的な効果があると誤解を招くものであるときは，薬機法違反であると解される点に注意が必要である。

(5)　健康食品の表示・広告に関する監視指導

　無承認医薬品の広告がされている場合には，厚生労働大臣等は，広告中止命

令を行うことができる（薬機法72条の5第1項）。また，プロバイダに対して，当該送信の防止を要請できる（同法72条の5第2項）。

　実際には，無承認医薬品に係る違法情報を発見した場合には，広告の中止等の指導が行われ，指導に従わない場合に中止命令が出される（平26・12・17薬食監麻発1217第1号厚生労働省医薬食品局監視指導・麻薬対策課長通知「インターネット上の無承認医薬品及び指定薬物等に係る広告監視指導について」）。

　また，消費者庁は，平成21年度より，健康食品等の虚偽・誇大表示のインターネット監視を実施しており，四半期に一度，監視に基づく改善要請件数等が公表されている[11]。インターネット監視の方法は，ロボット型全文検索システムを用いて，キーワードによる無作為検索の上，検索されたサイトを目視により確認するというものである。

　2021（令和3）年10月〜12月の消費者庁による虚偽・誇大広告のインターネット監視は，以下の3テーマで実施された。

➤ 「糖尿病」，「高血圧」，「骨粗しょう症」，「インフルエンザ」等の疾病の治療または予防を目的とする効果があるかのような表現

➤ 「免疫力」，「冷え症」等の身体の組織機能の一般的増強，増進を主たる目的とする効果があるかのような表現

➤ 「豊胸」，「アンチエイジング」，「ダイエット」等の身体を美化し，魅力を増し，容ぼうを変える効果があるかのような表現　　　等

　上記の3つ目のテーマに関しては，これまでも「ダイエット」がインターネット監視の検索キーワードとして挙げられることが多々あり，消費者庁が，機能性表示食品や特定保健用食品を含む健康食品などの表示の監視指導を強化している姿勢がうかがわれる。

11　消費者庁「健康増進法（誇大表示の禁止）」
　https://www.caa.go.jp/policies/policy/representation/extravagant_advertisement/

　このように，厚生労働省および消費者庁ともに健康食品に関し，定期的な監視をとおして取締りを強化しており，健康食品を取り扱う際は，十分に留意することが必要となる。

　消費者庁は，健康食品に関する広告についての注意喚起を目的として，「健康食品に関する景品表示法及び健康増進法上の留意事項について」を公開しており，また，誇大広告等の禁止および広告適正化のための監督指導に係る基本的な考え方を示すためのガイドラインとして，「食品として販売に供する物に関して行う健康保持増進効果等に関する虚偽誇大広告等の禁止及び広告等適正化のための監視指導等に関する指針（ガイドライン）」を公開しているため，健康食品をインターネット販売される際は参考とされたい。

【図表3－5】健康食品の表示・広告に係る規制法令

景表法	健康増進法	薬機法
事業者は商品等の内容や取引条件について一般消費者に対し，実際のもの，または競争事業者に係るものよりも著しく優良，または有利であると誤認させる表示をしてはならない。	何人も食品として販売に供するものについてその健康保持増進効果等に関し，①著しく事実に相違する②著しく人を誤認させるような広告その他の表示をしてはならない。	何人も，医薬品であって，まだ厚生労働大臣の承認を受けていないものについて，その名称，製造方法，効能，効果または性能に関する広告をしてはならない。

> **【ヘルスケア事業に参入する際のポイント】**
> ✓ 健康食品の表示については，食品表示法，健康増進法，景表法，JAS法，薬機法，食品衛生法などの規制が適用されるため，各法に抵触しないよう慎重な検討が必要である。
> ✓ 厚生労働省や消費者庁によってインターネット広告の監視指導が行われていること，消費者庁は，近時，特に「ダイエット」に関する健康食品の監視指導に力を入れていることを念頭に置いて広告を行うべきである。

第4章

医師法・医療法・保険関連

ヘルスケア事業に関連する法規制の概要

　医療機関，医療従事者および医療保険に対してはさまざまな法律による規制が存在するが，本章では，特に，非ヘルスケア事業者がヘルスケア事業に参入する際に留意すべき法規制を中心に解説する。

(1)　医療法

　医療法は，医療体制の確保や国民の健康保持を目的に，医療施設の計画的な整備，医療施設の人的構成，構造設備，管理体制，および医療法人等について規定する法律である。1948（昭和23）年に公布・施行され，以後，現在までに幾度にわたり大きな改正が行われており，2021（令和3）年の通常国会においても，医師の働き方改革や新型コロナウイルス感染症を踏まえて新興感染症等の感染拡大時における医療提供体制の確保に関する事項を医療計画に位置づけること等を含む改正医療法が成立している。

　非ヘルスケア事業者にとって重要な規制の1つに，医業等に関する広告に対する規制（医療法6条の5〜6条の7）がある。その詳細は，「⑤　広告規制」で解説するが，医業，歯科医業または助産師の業務等の広告について，「何人も……虚偽の広告をしてはならない。」と規定されているところ（同法6条の5，6条の7），ここでいう「何人も」は，医師，歯科医師や助産師だけでなく，病院開設者，その責任者はもちろん，広告の作成者である広告業者も含むものであり，医療関係者以外の者もこの規制の対象となる。

　広告が禁止される事項等については，「医業若しくは歯科医業又は病院若しくは診療所に関する広告等に関する指針（医療広告ガイドライン）」[1]（以下「医

1　平30・5・8医政発0508第1号厚生労働省医政局長通知「医業若しくは歯科医業又は病院若しくは診療所に関する広告等に関する指針（医療広告ガイドライン）等について」別紙3。

療広告ガイドライン」という）等により，具体的な内容が規定されている。

(2) 医師法

医師法は，医療を独占的に行うことができる者としての医師の資格（身分）およびその権利義務を規定するものであり，免許，試験，業務等に関する定めが設けられている。

たとえば，「医師でなければ，医業をなしてはならない。」（医師法17条）と定められているところ，当該「医業」とは「医行為」を反復継続する意思を持って行うことと解されているが，この「医行為」の範囲，態様に係る判断は，非ヘルスケア事業者がヘルスケア事業に進出する際に，しばしば問題となる。厚生労働省は，平17・7・26医政発第0726005号厚生労働省医政局長通知「医師法第17条，歯科医師法第17条及び保健師助産師看護師法第31条の解釈について（通知）」で医行為ではないものを列挙して判断の参考とすることとしている。この「医行為」については，「②　医療行為規制の範囲」にて後述する。

また，医師法には，無診療治療等の禁止（同法20条），処方箋の交付義務（同法22条）に関する定めがあるが，これらは，オンライン診療サービス等において問題となり得るものである。詳細は，「③　オンライン診療・オンライン服薬指導」において後述する。

(3) 薬剤師法

薬剤師法は，薬剤師の資格（身分）およびその権利義務を規定するものであり，免許，試験，業務等に関する定めが設けられている。同法では，「薬剤師でない者は，販売又は授与の目的で調剤してはならない。」と定められており，原則として薬剤師のみが調剤できることとされているが，例外として，医師，歯科医師が自己の処方せんによって調剤することは許容されている（薬剤師法19条）。また，いわゆる服薬指導に関して，薬剤師は，調剤した薬剤の適正な使用のため，販売または授与の目的で調剤したときは，患者または現にその看護にあたっている者に対し，必要な情報を提供し，および必要な薬学的知見に

基づく指導を行わなければならないと定められている（同法25条の2第1項）。なお，令和元年改正法施行前の薬機法においては，薬局開設者の義務として，その薬局において薬剤の販売または授与に従事する薬剤師に，対面かつ書面を用いた服薬指導を行わせなければならない旨が定められていた（改正前薬機法9条の3第1項）。これらの規定は，後述する「オンライン服薬指導」に関連してくるものである。

(4)　健康保険法

　健康保険法は，健康保険制度について定めるものであるが，健康保険制度が医療保険制度の基本をなすものであり，高齢化の進展，疾病構造の変化，社会経済情勢の変化等に対して，他の医療保険制度等とあわせてそのあり方に関して常に検討が加えられ，その結果に基づいて，医療保険の運営の効率化，給付の内容，費用負担の適正化，医療の質の向上などを総合的に図りつつ，実施されなければならないことを基本理念として定めている（同法2条）。

　日本はすべての国民が公的な医療保険制度への加入を義務づけられている（国民皆保険制度）。これは，相互扶助の精神に基づき，病気やけがに備えてあらかじめ保険料を出し合い，実際に医療を受けたときに，医療費の支払に充てる仕組みで，医療を受けた患者はかかった医療費の原則1～3割を支払えば済み，残りは自分が加入する医療保険から支払われる（保険給付）。ただし，当該保険給付は厚生労働省が承認している治療法や薬剤を用いた診療が対象となるため，あらかじめ承認されていない診療を受ける場合は，保険適用外治療，すなわち自由診療となり，患者は全額を負担することとなる。ヘルスケア事業を行う上では，提供する医療が当該医療保険の対象となるか否かはビジネスモデルの立案に影響するため，注意が必要となる。

　また，法の規定により，病院・診療所が保険診療を行うには，「保険医療機関」として厚生労働大臣から指定を受けなければならない。また，保険医療機関で保険診療を行う医師・歯科医師は「保険医」として，厚生労働大臣に申請し登録を受けなければならない。「保険診療」については，「保険医」が「保険

医療機関」において，「保険医療機関および保険医療療養担当規則」の規定を遵守し，医学的に妥当適切な診療を行い「診療報酬点数表」に定められたとおりに請求を行うこととされている。

なお，健康保険の給付には，疾病または負傷に対する「療養の給付」，すなわち医療サービスそのものを給付する「現物給付」と，所得の保障としての，疾病手当金，出産手当金，療養費などの「現金給付」がある。

(5) 介護保険法

介護保険法は，加齢によって生ずる病気等により1人では日常生活を送れない状態になる者について，介護や看護，療養上の管理を行い少しでも自立した日常生活が送れるようにサポートし，保険医療の向上，福祉の増進を図ることを目的としている（同法1条）。

介護保険は，被保険者の要介護状態等に必要な保険給付を行うものであり，保険者は市町村および特別区（東京23区）である。保険給付は3種類に大別される。

（ア）　介護給付：被保険者の要介護状態に関する保険給付

（イ）　予防給付：被保険者の要介護状態となるおそれがある状態（要支援状態）に関する保険給付

（ウ）　市町村特別給付：要介護状態または要支援状態の軽減もしくは悪化の防止に資する保険給付として条例で定めるもの

なお，同一の疾病または負傷について，介護保険法の規定により，これらに相当する給付を受けることができる場合には，健康保険法等に基づく給付は行われない（健康保険法55条3項，国民健康保険法55条4項等）。

2 | 医療行為規制の範囲

(1) 医業規制

医業（医療行為）は，医師法17条により医師しか行うことができないものとされている。さらに，医療法1条の2第2項により，医療は，「病院，診療所，介護老人保健施設，介護医療院，調剤を実施する薬局その他の医療を提供する施設」または「医療を受ける者の居宅等」において提供されるものと定められている。これらのうち，公衆または特定多数人のために医業（医療行為）を行う場所と定義されているのは病院および診療所であり（医療法1条の5），病院の開設および臨床研修等修了医師等以外が行う診療所の開設に関しては，都道府県知事等の許可が必要となる（医療法7条1項）。また，同項の違反については，6か月以下の懲役または30万円以下の罰金という刑罰の対象となる（医療法87条1号）。

このように医業（医療行為）に該当する場合，医師法および医療法上の規制が適用されることとなるが，ここでいう「医業」とは，当該行為を行うにあたり，医師の医学的判断および技術をもってするのでなければ人体に危害を及ぼし，または危害を及ぼすおそれのある行為（医行為）を，反復継続する意思をもって行うことであるとされている（平17・7・26医政発0726005号厚生労働省医政局長通知「医師法第17条，歯科医師法第17条及び保健師助産師看護師法第31条の解釈について（通知）」）。

なお，医師以外による医行為として禁じられるのは，他人に対するもののみである。たとえば，血圧を自己測定することや，自分の耳にピアス穴を開けることは禁じられていない。また，依頼や同意に基づくものであっても，医師以外による医行為は違法となる。

医行為該当性について争われた裁判例も存在する。たとえば，断食道場の入寮者に対し，断食療法を施行するため入寮の目的，入寮当時の症状，病歴等を

尋ねる行為は，診療方法の一種である問診に当たるとして医行為と判断された
もの（最判昭48・9・27刑集27巻8号1403頁），内服薬の用法すなわち飲み方，
飲ませ方の指示が医行為に該当すると判断されたもの（大阪高判昭26・12・10
高刑4巻11号1527頁）がある。一方，病院における給食業務の一部の業者委託は，
医行為に該当しないと判断されている（福岡地決昭43・12・26行政事件裁判例集
19巻12号2000頁）。また，最近では，医師でない彫り師によるタトゥー施術行為
の医行為該当性が問題となった事案において，「医行為とは，医療及び保健指
導に属する行為のうち，医師が行うのでなければ保健衛生上危害を生ずるおそ
れのある行為をいう」と医療および保健指導に属する行為であること（医療関
連性）が要件となることが示されており，注目に値する（最判令2・9・16刑
集74巻6号581頁）。

　厚生労働省でも，過去に発せられた通知等において医行為に該当するものお
よび該当しないものを周知している。主な具体例は以下のとおりである。

医行為に該当するとされたもの

➢ 鍼灸術営業者，柔道整復師等が聴診器を使用して診察する行為

➢ 血液・血液型，血沈・糞便・尿・淋菌・梅毒等の検査結果に基づく病名の診
断，眼底検査，聴力検査（オーディオ・メーターを使用する場合等生理学的
検査の範囲に属する行為），心電図検査，血圧測定，採血，予防接種等

➢ 眼鏡店において通常の検眼機を用いて行う検眼

➢ コンタクトレンズを使用させるために行う検眼，処方せんの発行，装用の指
導等

➢ 手術刀，縫合針などを使用して行う二重瞼・口唇縫縮・隆鼻・植皮および植
毛，にきび・あざ・しみおよびそばかすの除去

➢ 美容師が器具を用いて客の耳に穴を開けイヤリングを装着させる行為

➢ 人体に対する作用ないし影響等からみて医師が行うのでなければ危害が生ず
るおそれのある整顔整容法

➢ 神経痛および高血圧治療と称し患者の腰部または背部に灸をすえ，同所をわ

ずかに切開して表皮に接した細筋を針で引き出して刃物ですじを切るいわゆ
る「すじ切り治療」

➤　麻酔行為

➤　処方せんの発行

医行為に該当しないとされたもの

➤　握力，肺活量，血液，血液型，血沈，糞便（寄生虫のみ），尿，淋菌および
梅毒の各検査の結果判定（その結果に基づき病名診断等をしない場合）

➤　医師が継続的なインシュリン注射を必要と判断する糖尿病患者に対し，十分
な患者教育および家族教育を行った上で，適切な指導および管理の下に患者
自身（または家族）に指示して行われるインシュリンの自己注射

➤　眼鏡店において眼鏡の需要者が自己の眼に適当な眼鏡を選択する場合の補助
等人体に害を及ぼすおそれがほとんどない程度にとどまる検眼

---

(2)　グレーゾーン解消制度と医行為

2014（平成26）年に施行された産業競争力強化法では，産業競争力の強化の
観点から，事業者が，現行の規制の適用範囲が不明確な場合においても，安心
して新事業活動を行えるよう，具体的な事業計画に即して，あらかじめ規制の
適用の有無を確認できる制度，いわゆるグレーゾーン解消制度が設立された。

グレーゾーン解消制度では，「医行為」に関し規制の適用が確認された事例
も複数あり，「医行為」の判断基準の参考となるため，以下概要を紹介する。

【事例1】[2]

照会事業者が雇用する看護師免許保持者から，医療機関・主治医から紹介され
同意を得られた特定の医療用医薬品を処方されている患者に対し，以下の情報を
電話等により積極的に提供する事業（患者サポートサービス，以下「PSP」と

いう）を検討している。

➤ 高額療養費，指定難病，介護や生活支援など社会保障制度に関する情報

➤ 日常生活および学校生活における注意点や工夫の仕方（体温調節ができなく
なる疾患の場合，暑い日には濡れたタオルを首に巻くとよい等）

➤ 当該医薬品の添付文書，インタビューフォーム，くすりのしおり，適正使用
ガイド，患者指導資料に記載されている有効性と安全性，品質に関する情報

➤ 隔日や週次投与など，投与スケジュールの管理に資する情報および服薬状況
の確認

➤ 学術誌や各種学会が公表している診療ガイドラインに記載されている当該疾
患の発症メカニズム，症状，治療法などに関する確立されている情報

【図表4−1】事例1の関係図

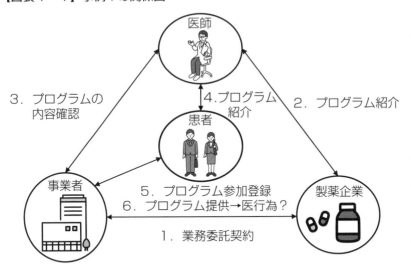

2 厚生労働省ホームページ「グレーゾーン解消制度・新事業特例制度」のうち，事業名「患者サ
ポートプログラム」の概要
https://www.mhlw.go.jp/shinsei_boshu/gray_zone/dl/jisseki_03.pdf

PSPの流れ

1. 事業者が製薬企業とプログラム設計に関する業務委託契約を締結する。

2. 医師に対して，製薬企業（MR）よりプログラムについて紹介を行う。

3. 事業者が医師と相談し，提供プログラムの内容について確認する。

4. 提供プログラムに賛同した医師は，患者にプログラムの紹介を行い，利用申込書を渡す。

5. 患者自身が同意した上で，プログラムへの参加登録を行う。

6. PSP（服薬状況の確認，通院状況の確認，疾患に関する情報提供，医薬品に関する情報提供等）の提供を開始する。

【確認内容】

　事業者は，本プログラムにおける以下の行為が医行為に該当しないかについて確認を求めた。

➤ セカンドオピニオンを取る際には全額自己負担になること等を説明すること

➤ 適切な治療を受けることができる医療機関を患者に案内するために患者の居住地周辺の医療機関を案内すること

➤ 一般社団法人日本遺伝カウンセリング学会がインターネットで公開している情報などに基づき出生前診断について情報提供すること

➤ 地域の支援制度を含めた社会保障制度を紹介すること

➤ 当事業において，当該疾患または医薬品に関する学術書，医学関連学会より公表されている診療ガイドライン，当該医薬品を製造・販売している製薬会社が作成した添付文書，インタビューフォーム，くすりのしおり，適正使用ガイド，ホームページ等で公開されているFAQおよび患者指導資料に基づき，当該医薬品の適応症となっている疾患についての情報（症状，診断基準，治療方法，薬物療法の内容等）や当該医薬品に関する情報（副作用，使用上の注意等）を患者等に提供すること（公開情報に限る）

➤ 主治医との相談（患者等の同意がある場合）等に基づき，患者ごとに医行為ではないと判断された情報の提供方法を工夫して提供すること

【回答】

　いずれも医行為に該当せず，医師でない者がこれを業として行ったとしても，医師法17条に違反しない。なお，患者の個別的な状態に応じた医学的判断は行わないようにご留意いただきたい。

　事例1に鑑みると，医療情報を患者に提供する場合でも，当該情報が人体に影響を及ぼさないと思われる医療周辺情報であるとき，また，人体に影響し得る場合でも，医薬品や疾患に関する一般的に確立された公開情報の提供にとどまるときについては，医行為に該当しない可能性が高いと思われる。しかしながら，患者の「個別的な」状態に応じた医学的判断を行い，その判断に基づく治療情報の提供等については，医行為に該当するリスクがある点に注意が必要である。

【事例2】 [3]

　事業者はインターネット通販を利用したオーダーメイドによるスポーツマウスピースおよびナイトガード（以下「本マウスピース等」という）の製造・販売を検討している。

【図表4−2】事例2の関係図

サービス利用者

①購入
②キット郵送
③歯型写真送付
④歯型確認連絡
⑤歯型返送
⑥マウスピース郵送

事業者

事業の流れ

１．利用者が事業者の通販サイトで型採りキットを購入する。

２．利用者へ型取りキットを郵送する。

３．利用者が型取りキットにて歯型を採り，型採り後の確認写真を事業者の
LINEあるいはメールにて送付する。

４．事業者の型取り確認担当が，型取り状態を確認する。

５．利用者が事業者へ歯型を返送する。

６．事業者がマウスピースを製作後，利用者へ郵送する。

【確認内容】

　事業者は，①本マウスピース等が医療機器に該当しないこと，②本事業におけるインターネット通販を活用した本マウスピース等の製作・提供について，歯科医師でない者が行う場合に歯科医師法17条（歯科医業）に該当しないこと，③歯科医師が行う場合であっても歯科医師法20条（無診察治療）に該当しないこと，④本事業においてインターネット通販を活用してマウスピース等を製作することが，歯科技工士法２条の「歯科技工」に該当しないことについて確認を求めた。

【回答】

　本マウスピース等は，医療機器には該当しない。なお，広告・表示等において疾病の治療効果，予防効果等に訴求した場合は，本マウスピース等が医療機器に該当する可能性もあるため留意すること。ただし，本マウスピース等は，口腔内に装着されるものであり，不適切なものであった場合，歯列や咬合等に影響を及ぼし，歯科医師の歯科医学的判断および技術をもってするのでなければ人体に危害を及ぼすおそれのある歯科医行為に該当し，当該事業により提供等されるマウスピース等は歯科技工士法２条１項に規定する歯科技工により作成されるべきである。以上より，本事業は，歯科医師法17条に規定する歯科医業に該当する。なお，本事業を歯科医師が行った場合，無診察治療に該当し，歯科医師法20条に抵触する。

事例2は，歯科矯正器具ではないスポーツ用のマウスピースの医療機器該当性など確認内容が多岐にわたっているが，医療機器に該当しないマウスピースの提供であっても，不適切なものであった場合には人体に危害を及ぼすおそれがあることから歯科医行為に該当するとしていること，また，ここ数年増加傾向にあるとみられるインターネット上で完結する医療サービスについて，その内容によっては無診察治療に該当することを指摘していることは注目に値する。

(3) 営利法人による医療機関の設立

医療法では，病院の開設者について，「営利を目的として，病院，診療所又は助産所を開設しようとする者に対しては，……許可を与えないことができる」と定められている（同法7条6項）。そのため，株式会社等による営利目的での病院の開設は認められない。なお，現在の医療法施行（1948（昭和23）年10月27日）前に株式会社が設立した医療機関等は，その後も存続している。代表的なものとして，NTTやJRの関連会社が運営する病院があげられる。

規制改革会議，構造改革特区等で株式会社による医療参入に関する議論もなされてきたが，賛否両論であり，たとえば公益社団法人日本医師会からは，医療法人は剰余金の配当が禁止されているのに対し，株式会社は配当を行うため，より多くの利益を求める傾向にあり，コスト圧縮を追求することで医療の質の低下につながり得る等との反対意見が述べられている[4]。

(4) 医療機関による営利事業の禁止

上記のとおり，原則として，医療機関が営利事業を営むことは禁止されている（医療法7条6項）。ただし，例外的に，医療機関においてコンタクトレンズ

---

[3] 厚生労働省ホームページ「グレーゾーン解消制度・新事業特例制度」（事業名「インターネット通販を活用したマウスピース等製作事業」の概要）
https://www.mhlw.go.jp/content/000562198.pdf
[4] 社団法人日本医師会「医療における株式会社参入に対する日本医師会の見解」（2009年12月24日）
http://dl.med.or.jp/dl-med/teireikaiken/20091224_3.pdf

等の医療機器やサプリメント等の食品の販売を行うことは，当該販売が，患者のために，療養の向上を目的として行われるものである限り，可能であるとされている（平26・8・28厚生労働省医政局総務課事務連絡「医療機関におけるコンタクトレンズ等の医療機器やサプリメント等の食品の販売について」）。これは，医師が診察し，患者の療養の向上のために必要なコンタクトレンズ等を，患者に対して，社会通念上適当な対価を徴収して交付することが可能であることを明確にしたものである。一方，不特定多数人を対象として，診察を行わずにコンタクトレンズ等を販売することは，医業に付随するものとはいえないことから，医療機関で行うことはできず，医療機関と区画を別にした場所にて行う必要がある。その場合は，薬機法に規定する高度管理医療機器等の販売業の許可を受け，高度管理医療機器等営業管理者の設置等所要の措置をとらなければならないこととなる。すなわち，医療機関において，当該医療機関における医行為に付随し患者の療養の向上を目的として医療機器やサプリメント等を販売することは可能であるが，当該医行為に付随しない場合は，医療機関と別区画を設け，当該設置場所について必要な許認可を取得しなければならない。

(5)　医師による医療に含まれない商品の販売やサービスの提供

「医師の職業倫理指針［第3版］」（日本医師会，2016年）（以下「職業倫理指針」という）には，医師が「医療に含まれない商品の販売やサービスの提供」をする場合に関する規定があり（職業倫理指針2．(15)），医薬品・医療機器以外の商品およびサービスなどが，患者の療養の向上や状態の改善に役に立つものであれば，商品やサービスの効能効果，副作用，費用など，具体的かつ適切な情報の提供とともに利用を勧めることも考慮できるとされている。また，すでに医療に含まれない商品の販売やサービスの提供を受けている患者に対しては，療養上の悪化や，健康被害を受けないよう，また，状態の改善を図るために，適切な指導を行うことが必要とされている。したがって，当該患者の療養の向上に資する商品であれば，適切な情報提供とともに利用を勧めることが可能といえる。ただし，医師は，その効果が不確実で，患者の療養上の悪化，健

康上の被害が生じる可能性を否定できない商品の販売やサービスの提供については，慎むべきであると定められている点には注意が必要である。

さらに，職業倫理指針2．⒄「医療行為に対する報酬や謝礼」によると，医師は医療行為に対し，定められた以外の報酬を要求してはならないとされている。ここでいう「謝礼」とは，現金，贈答品を問わず患者に対する医療行為に関係して患者等から授受するものをいうと定義されている。そのため，たとえば，患者の療養の向上や状態の改善に役立つものとしてある製品を紹介し，その紹介料として製品販売業者から謝礼を得ることは，医療行為に対する定められた以外の報酬に該当しないため，職業倫理指針違反となるおそれがある。

⑹　混合診療

厚生労働省は，保険診療と保険外診療を併用するいわゆる「混合診療」を原則として禁止しており，保険外診療を行った場合には，全体について自由診療として解釈するとしている。すなわち，同一の疾患に対する一連の行為については，自由診療を交えると全体が自由診療として取り扱われ，一連の診療行為が保険適用外とされることになる。しかしながら，健康保険法等において明文の混合診療禁止規定はない。

混合診療の禁止に関して，あるがん患者が保険診療との併用が認められていない医療技術について，保険診療と併用して受療できる地位の確認を求めた事案において，明文の禁止規定のない混合診療を国が法解釈で禁じていることが妥当かどうかが争点となったものがある（最判平23・10・25民集65巻7号2923頁）。本事案では，「保険医が特殊な療法又は新しい療法等を行うこと及び所定の医薬品以外の薬物を患者に施用し又は処方すること並びに保険医療機関が被保険者から療養の給付に係る一部負担金の額を超える金額の支払を受けることが原則として禁止される中で，先進医療に係る混合診療については，保険医療における安全性及び有効性を脅かし，患者側に不当な負担を生じさせる医療行為が行われること自体を抑止する趣旨を徹底するとともに，医療の公平性や財源等を含めた健康保険制度全体の運用の在り方を考慮して，保険医療機関等の

届出や提供される医療の内容などの評価療養の要件に該当するものとして行われた場合にのみ，上記の各禁止を例外的に解除し，基本的に被保険者の受ける療養全体のうちの保険診療相当部分について実質的に療養の給付と同内容の保険給付を金銭で支給することを想定して，法86条所定の保険外併用療養費に係る制度が創設されたものと解される」として，混合診療を国が法解釈で禁止することの妥当性を前提とした判断を行い，当該がん患者の訴えは退けられている。

　このことから，たとえば，医療機器を販売する事業者等が医療機関と連携して，新たな医療サービスの提供を計画する際には，保険適用外となる未承認医療機器を同一の疾患に対する一連の行為の一部に使用した場合，当該診療行為全体が保険適用外となる可能性を念頭に置いた検討が求められる。

【図表4－3】診療における自己負担割合

保険診療＋保険診療　⇒　保険負担＋自己負担（1割〜3割） 保険診療＋保険外診療（＝混合診療）　⇒　全額自己負担

【ヘルスケア事業に参入する際のポイント】

✓　医行為を反復継続する意思を持って行うこと（医業・医療行為）は，医師しか行うことができない。何が医行為に該当するか判断に迷うときは，グレーゾーン解消制度の活用も検討する。同制度の活用実績から，医療周辺情報の提供や，一般的に確立された公開情報の提供は医行為に該当しない可能性が高いと考えられる。

✓　原則として医療機関は営利事業を営むことはできないが，療養の向上を目的とする限りで，コンタクトレンズ等の医療機器やサプリメント等の食品を販売することが可能であり，この枠組みの中で医療機関と協働するビジネスモデルも考えられる。ただし，医師への報酬などの面において医師の職業倫理指針に反することのないよう注意する。

> ✓ 保険診療に保険外診療を組み合わせたサービス（混合診療）を計画する際は，それが全体として自由診療と解釈され，全体が保険適用外となることを念頭に置いて，サービスを設計する必要がある。

3 ｜ オンライン診療・オンライン服薬指導

(1) オンライン診療規制の沿革

まず，患者の居宅等との間の遠隔診療については，無診療治療等の禁止（医師法20条）を定める医師法の規定から，原則として診察は対面診療であること（いわゆる「対面診療の原則」）と解されており，遠隔診療は例外的な取扱いであることを理解する必要がある。

日本で遠隔診療が一定条件下で認められることが初めて明確にされたのは，平9・12・24健政発第1075号厚生省健康政策局長通知「情報通信機器を用いた診療（いわゆる「遠隔診療」）について」である。同通知において，初診患者は原則対面診療が必要であるが（以下この原則を「初診対面の原則」という），離島，へき地の患者の場合等直接の対面診療を行うことが困難である場合については，遠隔診療を行うことが可能であるとの見解が示された。その後，2015（平成27）年には，規制改革会議の答申を受けて，遠隔診療の適用地域や適用対象症例に制約がないことを確認した事務連絡が発出された[5]。さらに，2017（平成29）年に発出された通知では，保険者が実施する禁煙外来については，直接の対面診療がなくとも直ちに医師法に抵触するものではないこと，テレビ電話や，電子メール，SNS等の情報通信機器を組み合わせて遠隔診療を実施す

5　平27・8・10厚生労働省医政局長事務連絡「情報通信機器を用いた診療（いわゆる「遠隔診療」）について」。

ることが可能であることが明らかにされた[6]。

　このように，遠隔診療が許容される範囲が徐々に拡充されてきたところ，厚生労働省は，2018（平成30）年 3 月，「オンライン診療の適切な実施に関する指針」（以下「オンライン診療指針」という）を公表した（その後，2019（令和元）年 7 月および2022（令和 4 ）年 1 月に一部改訂されている）。オンライン診療指針は，2018（平成30）年度診療報酬改定でオンライン診療に対する評価が新設されたことを受けて，保険診療および自由診療として実施されるオンライン診療の運用ガイドラインとして定められたものであり，「オンライン診療に関して，最低限遵守する事項及び推奨される事項並びにその考え方を示し，安全性・必要性・有効性の観点から，医師，患者及び関係者が安心できる適切なオンライン診療の普及を推進する」（オンライン診療指針Ⅰ）ことを目的に，無診察治療などを禁じる医師法20条や個人情報保護法などとの関係上，オンライン診療の実施にあたって遵守すべき事項が整理されている。

　また，新型コロナウイルス感染症の全国的な蔓延を踏まえて，当時のオンライン診療指針では原則として認められていなかった初診からのオンライン診療やその際の処方を認めることによりオンライン診療を保険診療として利用できる範囲を拡大した，令 2 ・ 4 ・10厚生労働省医政局医事課，厚生労働省医薬・生活衛生局総務課事務連絡「新型コロナウイルス感染症の拡大に際しての電話や情報通信機器を用いた診療等の時限的・特例的な取扱いについて」（以下「0410特例」という）は，現在も存続しているが，まずは0410特例を除いた平時の取扱いを紹介する。

(2)　オンライン診療の適切な実施に関する指針

①　遠隔医療の分類

　オンライン診療指針では，情報通信機器を活用した健康増進や医療に関する

6　平29・ 7 ・14医政発0714第 4 号厚生労働省医政局長通知「情報通信機器を用いた診療（いわゆる「遠隔診療」）について」。

行為を「遠隔医療」と定義し，さらにそれを【図表4-4】のとおり「オンライン診療」，「オンライン受診勧奨」および「遠隔健康医療相談」の3つに分類している（オンライン診療指針Ⅲ）。

　上記3分類のうち，遠隔健康医療相談は，オンライン診療指針の対象とならず，医行為に該当しないと解される行為については，医師以外の事業者も提供することが可能である。ただし，患者個人の心身の状態に応じた医学的助言は，オンライン診療またはオンライン受診勧奨に該当しなくとも，医行為に該当し得るため，医師以外による実施はできない。オンライン診療指針では，遠隔健康医療相談の例として，「子ども医療電話相談事業（#8000事業）：応答マニュアルに沿って小児科医師・看護師等が電話により相談対応」をすることや「相談者個別の状態に応じた医師の判断を伴わない，医療に関する一般的な情報提供や受診勧奨（「発疹がある場合は皮膚科を受診してください」と勧奨する等）」があげられている。また，遠隔健康医療相談が活用された最近の実例としては，ダイヤモンド・プリンセス号で新型コロナウイルス感染症のクラスターが発生し乗客が船内に隔離されていた際に，LINEアプリを使用して実施された医療相談サービスがある。これ以外にも，経済産業省の委託事業で遠隔健康医療相談の窓口が設置された他，民間でのサービスの事例が出てきている。今後，診療前のスクリーニングとしての役割なども含め，遠隔健康医療相談が活用されていく場面が増えていくことも考えられる。ただし，前述のグレーゾーン解消制度での活用実績からもわかるように，医行為の範囲は一義的に明らかになるものではないことから，非ヘルスケア事業者が，オンライン診療指針の適用を受けない遠隔健康医療相談の範囲でオンラインヘルスケアサービスへの参入を試みる場合，想定する事業が遠隔健康医療相談の枠組みで実行可能であるかは慎重に検討する必要がある。なお，オンライン診療指針では，医療行為に該当しない遠隔健康医療相談についても，「診断等の相談者の個別的な状態に応じた医学的判断を含む行為が業として行われないようマニュアルを整備し，その遵守状況について適切なモニタリングが行われることが望ましい。」とされており，遠隔健康医療相談を実施する場合には，担当者向けにマニュア

【図表4－4】遠隔医療の分類

区　　分	内　　容	オンライン診療指針の適用	サービス提供者
オンライン診療	遠隔医療のうち，医師－患者間において，情報通信機器をとおして，患者の診察および診断を行い診断結果の伝達や処方等の診療行為を，リアルタイムにより行う行為。	あり	医師
オンライン受診勧奨	遠隔医療のうち，医師－患者間において，情報通信機器をとおして患者の診察を行い，医療機関への受診勧奨をリアルタイムにより行う行為であり，患者からの症状の訴えや，問診などの心身の状態の情報収集に基づき，疑われる疾患等を判断して，疾患名を列挙し受診すべき適切な診療科を選択するなど，患者個人の心身の状態に応じた必要な最低限の医学的判断を伴う受診勧奨。 （診療前相談） 日頃より直接の対面診療を重ねている等，患者と直接的な関係がすでに存在する医師（「かかりつけの医師」）以外の医師が初診からのオンライン診療を行おうとする場合（医師が患者の医学的情報を十分に把握できる場合を除く）に，医師－患者間で映像を用いたリアルタイムのやりとりを行い，医師が患者の症状および医学的情報を確認する行為。なお，診断，処方その他の診療行為は含まない。	あり（一部適用外）	医師
遠隔健康医療相談（医師）	遠隔医療のうち，医師－相談者間において，情報通信機器を活用して得られた情報のやりとりを行い，患者個人の心身の状態に応じた必要な医学的助言を行う行為。相談者の個別的な状態を踏まえた診	なし	医師

	断など具体的判断は伴わないもの。		
遠隔健康医療相談（医師以外）	遠隔医療のうち，医師または医師以外の者－相談者間において，情報通信機器を活用して得られた情報のやりとりを行うが，一般的な医学的な情報の提供や，一般的な受診勧奨にとどまり，相談者の個別的な状態を踏まえた疾患の罹患可能性の提示・診断等の医学的判断を伴わない行為。	なし	医師／医師以外（一般の事業者も可能）

ル等を策定することも検討すべきである。

　また，オンライン受診勧奨は，【図表4-4】の定義にあるとおり，患者からの症状の訴えや，問診などの心身の状態の情報収集に基づき，疑われる疾患等を判断して，疾患名を列挙し受診すべき適切な診療科を選択するなど，患者個人の心身の状態に応じた必要な最低限の医学的判断を伴うものであり，原則として医行為に該当するものと考えられている。たとえば，主治医とは異なる医師による診断や治療に関する意見を聴取するために用いられているセカンドオピニオンは，治療は行わない一方，患者個人の心身の状態に応じた医学的判断に基づく治療方針等に関する助言を行うことから，オンライン受診勧奨として活用されることも期待されている。このオンライン受診勧奨については，後述の初診対面，診療計画の策定等が適用されないため，新型コロナウイルス感染症の感染拡大に際しての特例が適用される以前から比較的自由に実施できる類型となっていた。

　さらに，2021（令和3）年11月の「オンライン診療の適切な実施に関する指針の見直しに関する検討会」において，オンライン診療指針の改訂案が示されていたところ，2022（令和4）年1月の一部改訂により，初診からのオンライン診療の要件が緩和されるなどの改訂が加えられた。下記②以下では，オンライン診療の実施にあたって遵守すべき事項の概要を説明する。

②　適用対象

　2022（令和４）年１月改訂前のオンライン診療指針においては，医師法の原則でもある対面診療の原則が，初診対面の原則として表れており，初診については原則直接の対面で行うべきとの考え方が示されていた。また，再診については原則直接の対面で行うべきとの考え方が示されていた。また，再診についても，対面診療を経た医師がオンライン診療を行うことが求められていた（ただし，健康な人について診療計画で明示している場合，院内の他の医師が実施する場合，または在宅診療の場合等の例外もあった）。これは，得られる情報が視覚および聴覚に限られる中で，可能な限り，疾病の見落としや誤診を防ぐ必要があること，医師が患者から心身の状態に関する適切な情報を得るために，日頃より直接の対面診療を重ねるなど，医師・患者間で信頼関係を築いておく必要があるといったことが理由とされていた。

　しかし，前述のとおり0410特例により初診からのオンライン診療が許容されたなども受けて，2022（令和４）年１月の改訂により，「初診は，原則として直接の対面による診療を行うこと。」とされていた部分が，「初診からのオンライン診療は，原則として「かかりつけの医師」が行うこと。ただし，既往歴，服薬歴，アレルギー歴等の他，症状から勘案して問診及び視診を補完するのに必要な医学的情報を過去の診療録，診療情報提供書，健康診断の結果，地域医療情報ネットワーク，お薬手帳，Personal Health Record（以下「PHR」という。）等から把握でき，患者の症状と合わせて医師が可能と判断した場合にも実施できる（後者の場合，事前に得た情報を診療録に記載する必要がある。）。」と改められ，オンライン診療指針においても初診からのオンライン診療の要件が緩和された。ここでいう「かかりつけの医師」とは，オンライン診療指針によれば，日頃より直接の対面診療を重ねている等，患者と直接的な関係がすでに存在する医師とされているところ，最後の診療からの期間や定期的な受診の有無によって一律に制限するものではないので[7]，過去の対面診療によって直接的

7　厚生労働省「「オンライン診療の適切な実施に関する指針」に関するQ&A」Q５。
　https://www.mhlw.go.jp/content/000903640.pdf

な医師・患者関係があれば「かかりつけの医師」に該当するものと考えられる。

　また，「かかりつけの医師」がオンライン診療を行っていない場合や，休日夜間等で，「かかりつけの医師」がオンライン診療に対応できない場合，患者に「かかりつけの医師」がいない場合，「かかりつけの医師」がオンライン診療に対応している専門的な医療等を提供する医療機関に紹介する場合，セカンドオピニオンのために受診する場合といったときには，「かかりつけの医師」以外の医師が診療前相談（【図表4-4】参照）を行った上で初診からのオンライン診療を行うことも許容されている。診療前相談は，映像を用いたリアルタイムのやりとりで行う必要があるものの，診療前相談を効果的かつ効率的に行うため，診療前相談に先立って，メール，チャットその他の方法により患者から情報を収集することも可能である[8]。ただし，診療前相談により対面受診が必要と判断した場合であって，対面診療を行うのが他院である場合は，診療前相談で得た情報について必要に応じて適切に情報提供を行うこととされていることや，診療前相談を行うにあたっては，結果としてオンライン診療が行えない可能性があることや，診療前相談の費用等について医療機関のホームページ等で示す他，あらかじめ患者に十分周知することが必要であるとされていることに注意しなければならない。

　なお，(ｱ)禁煙外来と(ｲ)緊急避妊に係る診療については，2022（令和4）年1月改訂前の文言が維持されている。すなわち，(ｱ)禁煙外来は，「定期的な健康診断等が行われる等により疾病を見落とすリスクが排除されている場合であって，治療によるリスクが極めて低いものとして，患者側の利益と不利益を十分に勘案した上で，直接の対面診療を組み合わせないオンライン診療を行うことが許容され得る」とされている。これは前記注6の厚生労働省医政局長通知において，保険者が実施する禁煙外来など例外的な場合にはオンラインでの完結が認められるとした内容と合致しており，その際の判断が維持された形である。これを踏まえ，健康保険組合等で保険者を対象に対面診療を要さないオンライ

8　前掲注7）Q7。

ン診療での禁煙サポートプログラムを提供している例が多くみられる。また，(イ)緊急避妊については，元々は，初診対面の原則，対面診療の原則に対する例外的な対応として許容されていたものであったが，現在では，初診からのオンライン診療を制約する内容となっている。(イ)緊急避妊に係る診療は，2019（令和元）年7月のオンライン診療指針一部改訂にて追記されたものであるが，「地理的要因がある場合，女性の健康に関する相談窓口等（筆者注：女性健康支援センター，婦人相談所，性犯罪・性暴力被害者のためのワンストップ支援センター等）に所属する又はこうした相談窓口等と連携している医師が女性の心理的な状態にかんがみて対面診療が困難であると判断した場合においては，産婦人科医又は厚生労働省が指定する研修を受講した医師が，初診からオンライン診療を行うことは許容され得る」とされている。この場合でも，オンライン診療による緊急避妊薬の処方に対しては，転売のリスク，利用者の知識不足などの懸念があることから，(i)初診からオンライン診療を行う医師は1錠のみの院外処方を行うこととし，受診した女性は薬局において研修を受けた薬剤師による調剤を受け，薬剤師の面前で内服すること，(ii)その際，医師と薬剤師はより確実な避妊法について適切に説明を行うこと，(iii)内服した女性が避妊の成否等を確認できるよう，産婦人科医による直接の対面診療を約3週間後に受診することを確実に担保することにより，初診からオンライン診療を行う医師は確実なフォローアップを行うことといった条件が付されている。

③　診療計画

　オンライン診療指針は，オンライン診療を行う医師に対して，対面とオンラインを組み合わせた診療に関する「診療計画」を策定することを求めている。注意すべきは，この診療計画は，保険診療だけではなく自由診療においても策定が求められているということである。

　診療計画に含める必要がある事項のうち，実務上特に重要となるのは次の項目と思われる。

> ➤　急病急変時の対応方針（自らが対応できない疾患等の場合は，対応できる医療機関の明示）
> ➤　複数の医師がオンライン診療を実施する予定がある場合は，その医師の氏名およびどのような場合にどの医師がオンライン診療を行うかの明示
> ➤　情報漏えい等のリスクを踏まえて，セキュリティリスクに関する責任の範囲およびそのとぎれがないこと等の明示

　これらの事項については，診療計画で適切な定めがないと，その後の診療において当該計画に基づいて実施できる事項が限定される可能性があるため，あらかじめオンライン診療の実施方法を十分に検討し適切に記載しなければならない。ただし，診療計画の内容は，通常診療録に記載するような内容であると考えられるため，診療計画を診療録と一体的に作成することは可能である。その上で，情報を正確に伝えるために診療計画の内容は文書，メール等で患者に伝えることが望ましいものの，患者の不利益とならない限りにおいては，診療計画の内容を口頭で患者に伝えることも可能とされている[9]。

　また，初診からのオンライン診療を行う場合については，診察の後にその後の方針（たとえば，次回の診察の日時および方法ならびに症状の増悪があった場合の対面診療の受診先等）を患者に説明することとされている。

④　本人確認

　医師や患者のなりすましを防ぐ観点から，オンライン診療において，患者が医師に対して心身の状態に関する情報を伝えるにあたっては，医師は医師であることを，患者は患者本人であることを相手側に示す必要があり，また，オンライン診療であっても，姓名を名乗ってもらうなどの患者確認を，直接の対面診察と同様に行うことが望ましいとされている。

　医師側では，HPKI（Healthcare Public Key Infrastructure）カードや医師

9　前掲注7）Q12。

免許証などの準備が必要となる。HPKIとは，医療従事者が勤務する医療現場において電子化による効果を最大限に発揮させながら運用するための仕組みとして，署名自体に公的資格の確認機能を有する保健医療福祉分野の公開鍵基盤の整備を目指していくことを目的として，厚生労働省が所管する医師をはじめとする26個の医療分野の国家資格を証明することができる仕組みを持っているものである。HPKIカードは，署名用電子証明書や認証用証明書を一体化したカードである。また，患者側についても，対面診療を経ず，初診をオンライン診療で行うような場合には，本人確認が必要となる。患者の本人確認には，健康保険証やマイナンバーカード，運転免許証などを使うこととされている。ただし，緊急時などに患者が身分確認書類を保持していない等のやむを得ない事情がある場合は，例外的に患者の本人確認が必須ではないとされている。

⑤ 薬剤の管理および処方制限

　オンライン診療指針では，オンライン診療が不適切な薬剤の管理や処方につながることを危惧し，現にオンライン診療を行っている疾患の延長とされる症状に対応するために必要な医薬品については，医師の判断により，オンライン診療による処方を可能とするものの，初診からのオンライン診療の場合および新たな疾患に対して医薬品を処方する場合は，患者の心身の状態の十分な評価を行うため，一般社団法人日本医学会連合が作成した「オンライン診療の初診での投与について十分な検討が必要な薬剤」等の関係学会が定める診療ガイドラインを参考に行うこととされている。ただし，初診の場合は，麻薬および向精神薬の処方，基礎疾患等の情報が把握できていない患者に対する特に安全管理が必要な薬品（診療報酬における薬剤管理指導料の「1」の対象となる薬剤）の処方，ならびに基礎疾患等の情報が把握できていない患者に対する8日分以上の処方は認められていない。

⑥ 診察方法

　オンライン診療指針では，診察方法に関して，可能な限り多くの診療情報を

得るために，リアルタイムの視覚および聴覚の情報を含む情報通信手段を採用することと定めている。これはリアルタイムの情報通信手段の利用を前提としたものであるが，直接の対面診療に代替し得る程度の患者の心身の状況に関する有用な情報が得られる場合には，補助的な手段として，画像や文字等による情報のやりとりを活用することも妨げられておらず，補助的な手段としてのチャットやメールなどの利用も禁止されていないと考えられる。ただし，オンライン診療は，文字，写真および録画動画のみのやりとりで完結してはならないとされており，チャットやメールでのコミュニケーションを主とした形態のオンライン診療は想定されていないとみられる点は注意が必要である。

⑦　医師の所在

　オンライン診療において，医師は，必ずしも医療機関においてオンライン診療を行う必要はないとされている。ただし，騒音のある状況等，患者の心身の状態に関する情報を得るのに不適切な場所でオンライン診療を行うべきではないことを含め，医療機関にいる場合と同等程度に患者の心身の状態に関する情報を得られる体制を確保しておくことが求められている。

⑧　患者の所在

　オンライン診療時の患者の所在については，「医療は，医療法上，病院，診療所等の医療提供施設又は患者の居宅等で提供されなければならないこととされており，この取扱いは，オンライン診療であっても同様である」とされている。オンライン診療では，基本的に患者は医療提供施設以外の場所にいるため，患者の所在が「居宅等」に限定されることを前提にした規定といえる。「居宅等」とは，老人福祉法に規定する養護老人ホーム等の他，医療を受ける者が療養生活を営むことができる場所のことを指す（医療法施行規則１条）。オンライン診療指針では，患者の勤務する職場等についても，「療養生活を営むことのできる場所」として認められるとしているため，職場等でもオンライン診療を受けることができる。なお，診療所開設届出や巡回診療実施の枠組みを用いる

ことで，公民館等で実施することも許容される。

(3)　オンライン診療に関する診療報酬加算の新設

オンライン診療に関しては，平成30年診療報酬改定において，オンライン診療料，オンライン医学管理料，オンライン在宅管理料，遠隔モニタリング加算等の診療報酬が新設された。その後，令２・４・10厚生労働省保険局医療課事務連絡「新型コロナウイルス感染症に係る診療報酬上の臨時的な取扱いについて（その10）」等により臨時的な特例措置がとられているものもあるが，令和４年４月時点の平時（上記の臨時的な取扱いがなされない場合）の診療報酬は，【図表４－５】の内容となっている。

【図表４－５】オンライン診療に関する診療報酬[10]

分　類	診療点数
初診料 （情報通信機器を用いた場合）	251点
再診料 （情報通信機器を用いた場合）	73点
外来診療料 （情報通信機器を用いた場合）	73点
特定疾患療養管理料 ※医学管理料の一種。なお，「特定疾患療養管理料」以外にも，オンライン診療時に算定可能な医学管理料が多種存在する。	196点，128点，76点

ただし，これらの情報通信機器を用いた診療料を算定するためには，以下の施設基準を満たすことが求められる[11]。

10　令和４年厚生労働省告示第54号「診療報酬の算定方法の一部を改正する件」別表第一。
11　令和４年厚生労働省告示第55号「基本診療料の施設基準等の一部を改正する件」。

> ➢ 情報通信機器を用いた診療を行うにつき十分な体制が整備されているものとして，以下の3点を満たすこと。
>
> ● 保険医療機関外で診療を実施することがあらかじめ想定される場合においては，実施場所がオンライン診療指針に該当しており，事後的に確認が可能であること。
>
> ● 対面診療を適切に組み合わせて行うことが求められていることを踏まえて，対面診療を提供できる体制を有すること。
>
> ● 患者の状況によって当該保険医療機関において対面診療を提供することが困難な場合に，他の保険医療機関と連携して対応できること。
>
> ➢ オンライン診療指針に沿って診療を行う体制を有する保険医療機関であること。

　2022（令和4）年4月の診療報酬改定以前は，保険医療機関において，1か月当たりの再診料およびオンライン診療の算定回数に占めるオンライン診療の算定回数の割合について上限が定められていたなど，保険適用の要件が厳格であることにより，オンライン診療利用の増加が抑制されているとも考えられていた。2022（令和4）年4月の診療報酬改定により，オンライン診療における保険適用の要件が緩和されたため，依然として診療報酬が対面診療の場合よりも低く設定されているなどの問題は残されているものの，保険診療によるオンライン診療が徐々に増えていくことが予想される。

　なお，保険適用が許される場合について，通話料等やシステム利用料を療養の給付と直接関係ないサービス等の費用として別途徴収できるものとされている。

(4)　新型コロナウイルス感染症による特例

　前述のとおり，2020（令和2）年4月10日に0410特例が発出され，オンライン診療を保険診療として利用できる範囲が拡大されている。ただし，過去の診療録，診療情報提供書，地域医療情報連携ネットワークまたは健康診断の結果

等により当該患者の基礎疾患の情報を把握・確認していない場合については，処方できる日数が7日に制限される等，患者の情報が全くない場合にはオンライン診療により実施できる範囲が限定されている。本人確認についても，初診非対面の場合にはその重要性が増すため，特に対応について注記がされたが，処方箋については，電子処方箋の運用を定めるものではなく，FAX等での病院から薬局への処方箋の直送等の応急対応がなされたのみである。

　0410特例は，オンライン診療だけでなく，電話診療も広く認めた点に特徴がある。ただし，厚生労働省の検討会でも電話の利用については患者の状況を把握できないのではないか等の批判がなされることもある。

　また，令2・4・10厚生労働省保険局医療課事務連絡「新型コロナウイルス感染症に係る診療報酬上の臨時的な取扱いについて（その10）」およびそれに先行する事務連絡により，新型コロナウイルス感染症対応として，オンライン診療（および後述のオンライン服薬指導）に関する診療報酬について，臨時的な取扱いが導入されている。たとえば，当時，初診非対面のオンライン診療は，診療報酬の対象ではなかったが，当該臨時的な取扱いの導入により，初診非対面のオンライン診療の場合でも，診療報酬の算定が可能となっていた。上記事務連絡では初診料の診療点数を214点と定めていたが，その後，新型コロナウイルス感染症のさらなる拡大を踏まえて，令3・8・16厚生労働省保険局医療課事務連絡「新型コロナウイルス感染症に係る診療報酬上の臨時的な取扱いについて（その54）」により初診料の診療点数は，250点まで引き上げられた（なお，初診料のみでなく，電話等再診料も従来の73点から250点に引き上げられ，初診のみでなく再診においてもオンライン診療の利用が促進された）。

　以上に加えて，令2・4・24厚生労働省医政局歯科保健課，厚生労働省医薬・生活衛生局総務課事務連絡「歯科診療における新型コロナウイルス感染症の拡大に際しての電話や情報通信機器を用いた診療等の時限的・特例的な取扱いについて」により，歯科におけるオンライン診療も特例措置が認められ，かつ令2・4・27厚生労働省保険局医療課事務連絡「新型コロナウイルス感染症に係る診療報酬上の臨時的な取扱いについて（その15）」において，歯科にお

けるオンライン診療に対する診療報酬の算定も認められた。歯科については，これまでオンライン診療指針に相当するルール整備や診療報酬評価もされておらず，保険適用との関係では，電話等再診の類型で行い得るという状況であったので，規制面では医科のオンライン診療以上に大幅な変化があったものである。

(5) オンライン服薬指導

① 服薬指導に関する規制緩和の経緯

オンライン診療を受診し，処方箋が発行されたとしても，薬局において処方された医薬品の交付を受けることが必要となる。薬剤師法では，薬剤師は，調剤した薬剤の適正な使用のため，販売または授与の目的で調剤したときは，患者または現にその看護にあたっている者に対し，必要な情報を提供し，および必要な薬学的知見に基づく指導を行わなければならないとする，いわゆる服薬指導に関する規定が定められている（同法25条の2）。また，2020（令和2）年9月施行の改正法が施行される前の薬機法では，薬局開設者は，薬剤師に，対面による服薬指導を行わせなければならないとされていた（改正前薬機法9条の3第1項）。したがって，従前は，医薬品を交付する際に遠隔で医療を受けた場合に，オンライン診療で医薬品の処方箋が発行されたとしても，原則として，医薬品の交付を受ける際には，薬局にて薬剤師による服薬指導を対面で受けることが求められていた。

しかし，2016（平成28）年9月に改正された国家戦略特別区域法および厚生労働省関係国家戦略特別区域法施行規則において，上記の対面による服薬指導の義務に対する特例として，離島，へき地における遠隔服薬指導が可能となり，2018（平成30）年には，国家戦略特区の愛知県，福岡市および兵庫県養父市において，初の遠隔服薬指導薬局が認定された。その後，2019（令和元）年には，上記の薬機法の改正と並行して，国家戦略特別区域法施行規則改正により遠隔服薬指導が可能な国家戦略特別区域が都市部にも拡大され，千葉市においても遠隔服薬指導が実施されている。

　一方で，0410特例により，改正薬機法施行前からオンライン服薬指導が可能となっており，実際には2020（令和2）年9月1日から施行された改正薬機法に基づく（0410特例を適用しない形での）服薬指導は実施されていないという状況である。

②　平時のオンライン服薬指導

　まず，改正薬機法に基づくオンライン服薬指導については，令2・3・31薬生発0331第36号厚生労働省医薬・生活衛生局長通知「医薬品，医療機器等の品質，有効性及び安全性の確保等に関する法律等の一部を改正する法律の一部の施行について（オンライン服薬指導関係)」において，基本的な考え方，実施要件，留意事項等が整理されている。診療報酬に関しても，令和2年度診療報酬改定において，外来患者へのオンライン服薬指導の診療報酬として，薬剤服用歴管理指導料にオンライン服薬指導に関する区分（43点（月1回まで)）が，在宅患者へのオンライン服薬指導の診療報酬として，在宅患者オンライン服薬指導料（57点（月1回まで)）が新設された。令和4年度診療報酬改定では，従来の薬剤服用歴管理指導料が「服薬管理指導料」に変更され，情報通信機器を用いた服薬指導（オンライン服薬指導）を行った場合に関して，3か月以内に再度処方箋を持参した患者であって，手帳を提示したものについては45点，その他の患者（初めて処方箋を持参した患者など）については59点の算定が認められることとなった。また，在宅患者オンライン服薬診療料は，「在宅患者オンライン服薬管理指導料」に変更され，月4回に限り59点を算定できることとなった[12]。

　次に，国家戦略特別区域法下での最近の議論としては，令2・8・25内閣府地方創生推進事務局事務連絡「遠隔服薬指導に係る改正薬機法及び国家戦略特別区域法の要件について（国家戦略特別区域処方箋薬剤遠隔指導事業関係)」において，改正薬機法下の服薬指導と国家戦略特別区域法に基づく処方箋薬剤

12　令和4年厚生労働省告示第54号「診療報酬の算定方法の一部を改正する件」別表第三。

遠隔指導事業の各要件の違いの整理が示されている。同事務連絡によると，改正薬機法下では，新たな処方薬に関してオンライン服薬指導を受ける場合は，当該処方薬について事前の対面服薬指導が必要であるが，国家戦略特別区域法下では対面で服薬指導を行った薬剤師は，新たな処方薬ごとの対面服薬指導は不要とされている等，国家戦略特別区域でのオンライン服薬指導の要件は若干緩和されていることがわかる。ただし，後述のとおり，前記令2・3・31厚生労働省医薬・生活衛生局長通知の一部改正が検討されており，薬機法に基づくオンライン服薬指導の要件も緩和される見通しである。

　オンライン服薬指導に関連して，薬剤の配送についても制度が整備されつつある。たとえば，グレーゾーン解消制度の活用により，薬剤師が患者に調剤前に服薬指導を行い，その後，調剤した薬剤の郵送等を行うサービスについて，患者の過去の服用歴があること等の諸条件を確認した上で実施することは可能であるとの回答が示されている[13]。その後，令2・3・23保医0323第1号厚生労働省保険局医療課長，厚生労働省保険局歯科医療管理官通知「「療養の給付と直接関係ないサービス等の取扱いについて」の一部改正」により，保険薬局等が調剤した医薬品を患者の自宅に配送する場合の配送費用について，社会的にみて妥当適切な範囲であれば，診療報酬とは別にその費用を徴収することが可能であると明示された。また，配送以外の方法として，ピックアップターミナルを介して，薬局の営業時間外に患者に調剤した薬剤を渡すことも許容されることがグレーゾーン解消制度により明らかにされている[14]。

---

[13]　経済産業省ニュースリリース「薬局における待ち時間を短縮する薬剤の販売方法の導入に係る医薬品，医療機器等の品質，有効性及び安全性の確保等に関する法律の取り扱いが明確になりました～産業競争力強化法の「グレーゾーン解消制度」の活用～」（平成29年9月15日）
https://www.meti.go.jp/policy/jigyou_saisei/kyousouryoku_kyouka/shinjigyo-kaitakuseidosuishin/press/170915_press.pdf

[14]　経済産業省ニュースリリース「グレーゾーン解消制度に係る事業者からの照会に対し回答がありました～薬局における営業時間外の薬剤の受け渡しサービスの導入に係る医薬品，医療機器等の品質，有効性及び安全性の確保等に関する法律の取り扱い～」（平成30年6月1日）
https://www.meti.go.jp/policy/jigyou_saisei/kyousouryoku_kyouka/shinjigyo-kaitakuseidosuishin/press/180601_press.pdf

③　新型コロナウイルス感染症による特例下のオンライン服薬指導

オンライン診療と同様に，服薬指導についても，0410特例に基づく遠隔での服薬指導が認められている。このオンライン服薬指導については，平時における改正薬機法に基づくオンライン服薬指導とは異なり，処方箋が対面診療に基づいている場合や事前に対面の服薬指導が行われていない場合であっても，薬剤服用歴管理指導料等を算定することができる。

さらに，0410特例では，オンライン服薬指導に伴う医薬品の配送について定められており，患者が支払う配送料および薬剤費等については，配送業者による代金引換の他，銀行振込，クレジットカード決済，その他電子決済等の支払方法により実施して差し支えないこと等が説明されている。

(6)　電子処方箋

従来，医師法22条に定める医師の処方箋交付義務を根拠に，書面での処方箋交付が原則とされてきたが，厚生労働省は，2016（平成28）年3月に関連省令を改定するとともに「電子処方せんの運用ガイドライン」を策定し，同年4月より電子処方箋が解禁された。しかし，同ガイドラインでは，紙の「電子処方せん引換証」を必要とするなど運用が煩雑であったことから，2018（平成30）年まで実際の運用例はみられなかった。

その後，2019（平成31）年に電子処方せんアクセスコードを紙媒体または電子媒体で発行する実証事業を実施し，その結果も踏まえて，「電子処方せんの運用ガイドライン」は，2020（令和2）年4月に改訂されている。改訂後のガイドラインでは，紙の「電子処方せん引換証」は廃止されたが，実務的な利用を想定したガイドラインの整備が十分に進んでおらず，利用例はいまだ乏しい。

2020（令和2）年に厚生労働省は「データヘルス集中改革プラン」において「電子処方箋の仕組みの構築」を掲げており，2022（令和4）年夏の運用開始を目指して議論が進められている。

【図表4-6】電子処方せんの運用の例

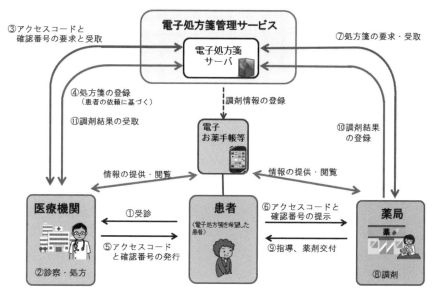

出所：厚生労働省「電子処方箋の運用ガイドライン　第2版」(2020 (令和2) 年4月30日) 13頁
https://www.mhlw.go.jp/content/11120000/000626722.pdf

(7)　今後のオンライン医療

　上記(1)～(6)で説明したとおり，従来対面で行われる必要があった，医療機関での診療，薬局での服薬指導および紙媒体の処方箋に基づく調剤が，一定の条件下ではあるが，すべてオンラインで実施可能な状況となっている。現在は，0410特例により，初診からのオンライン診療等が実施されているが，特例を踏まえた恒久的ルールの設定に向けた議論も行われている。

　規制改革推進会議では，今後のオンライン診療の検討にあたっての考え方として安全性と信頼性をベースに，初診も含めオンライン診療は原則解禁するとの方針を示している。具体的な恒久的ルールの枠組みの検討は厚生労働省の「オンライン診療の適切な実施の見直しに関する検討会」において進められており，2021 (令和3) 年11月に示された改訂案をもとに，前述のとおり，オン

【図表 4 - 7 】オンライン服薬指導の要件緩和の概要

オンライン服薬指導の実施		➢ オンライン服薬指導は，映像および音声の送受信により相手の状態を相互に認識しながら通話をすることが可能な方法であって，患者の求めに応じて，その都度薬剤師の判断と責任に基づき，行うことができるものとする。
オンライン服薬指導の実施要件	薬剤師の判断	➢ 薬局開設者は，オンライン服薬指導の実施に際して，その都度，当該薬局の薬剤師の判断と責任に基づき，行わせる。 ➢ 当該薬局において服薬指導を実施したことがない患者および処方内容に変更のあった患者に対してオンライン服薬指導を行う場合においては，当該患者の服薬状況等を把握した上で実施する。 ➢ 注射薬や吸入薬など，使用にあたり手技が必要な薬剤については，受診時の医師による指導の状況や患者の理解度等に応じ，薬剤師がオンライン服薬指導の実施を困難とする事情がないか確認する。
	患者に対し明らかにする事項	➢ 薬局開設者は，当該薬局の薬剤師に，次の㋐および㋑に掲げるオンライン服薬指導に関する必要事項を明らかにした上でオンライン服薬指導を実施させる。 　㋐　オンライン服薬指導を行うことの可否についての判断の基礎となる事項 　㋑　オンライン服薬指導に係る情報の漏えい等の危険に関する事項
オンライン服薬指導を実施する際の留意事項		➢ 薬剤師は，オンライン服薬指導等を行うにあたり，患者の服薬アドヒアランスの低下等を回避して薬剤の適正使用を確保するため，調剤する薬剤の性質や患者の状態等を踏まえ，必要に応じ，事前に薬剤情報提供文書等を患者に送付してから服薬指導等を実施する等の対応を行う。
オンライン服薬指導に関するその他の留意事項	オンライン服薬指導の実施体制	➢ オンライン服薬指導は，かかりつけ薬剤師・薬局により行われることが望ましい。
	訪問診療を受ける	➢ 複数の患者が居住する介護施設等においては，患者ごとにオンライン服薬指導の実施可否を判断する。

患者への対応	➤ 複数人が入居する居室の場合においても，患者のプライバシーに対面による服薬指導と同程度配慮した上で患者ごとにオンライン服薬指導を行う。
本人の状況の確認	➤ 原則として，薬剤師と患者双方が，身分確認書類を用いて，薬剤師は薬剤師であること，患者は患者本人であることの確認を行う。ただし，社会通念上，当然に薬剤師，患者本人であると認識できる状況である場合には，服薬指導の都度本人確認を行う必要はない。
通信環境（情報セキュリティ・プライバシー・利用端末）	➤ オンライン服薬指導の実施における情報セキュリティおよびプライバシー保護等の観点から，必要な通信環境を確保する。
薬剤師に必要な知識および技能の確保	➤ オンライン服薬指導の実施にあたっては，薬学的知識のみならず，情報通信機器の使用や情報セキュリティ等に関する知識が必要となるため，薬局開設者は，オンライン服薬指導を実施する薬剤師に対しオンライン服薬指導に特有の知識等を習得させるための研修材料等を充実させる。
薬剤の交付	➤ 薬局開設者は，オンライン服薬指導後，当該薬局において当該薬局の薬剤師が調剤した薬剤を，品質を確保した状態で速やかに患者に届けさせる。 ➤ 調剤済みの薬剤の郵送または配送を行う場合には，薬剤師による患者への直接の授与と同視し得る程度に，当該薬剤の品質の保持や，患者本人への授与等がなされることを確保するため，薬局開設者は，あらかじめ配送のための手順を定め，配送の際に必要な措置を講ずる。 ➤ 品質の保持（温度管理を含む）に特別の注意を要する薬剤等については，適切な配送方法を利用する，薬局の従事者が届ける，患者またはその家族等に来局を求める等，工夫して対応する。 ➤ 初診からオンライン診療を実施する医療機関に関して，オンライン診療指針に規定する処方制限の要件につい

			て，これまでの来局の記録等から判断して疑義がある場合には，処方した医師に遵守しているかどうか確認する。
	服薬指導を受ける場所	➤	患者がオンライン服薬指導を受ける場所は，適切な服薬指導を行うために必要な患者の心身の状態を確認する観点から，プライバシーが保たれるよう配慮する。ただし，患者の同意があればその限りではない。
	服薬指導を行う場所	➤	薬剤師がオンライン服薬指導を行う場所は，その調剤を行った薬局内の場所とする。
		➤	この場合において，当該場所は，対面による服薬指導が行われる場合と同程度にプライバシーに配慮する。
	処方箋	➤	処方医等が処方箋を発行した際に，患者から，薬局に送付してほしい旨の申出があった場合は，当該医療機関は，当該処方箋を当該薬局に直接送付することができる。
		➤	別途事務連絡により医療機関から処方箋情報の送付を受けた薬局は，医療機関から処方箋原本を入手するまでの間は，ファクシミリ，メール等により送付された処方箋を薬剤師法23条から27条までおよび薬機法49条における処方箋とみなして調剤等を行う。
		➤	薬局は，医療機関から処方箋原本を入手し，以前にファクシミリ，メール等で送付された処方箋情報とともに保管する。
	その他	➤	患者が支払う配送料および薬剤費等については，配送業者による代金引換の他，銀行振込，クレジットカード決済，その他電子決済等の支払方法により実施して差し支えない。
		➤	薬局は，オンライン服薬指導等を行う場合の方法等について，薬局内の掲示やホームページへの掲載等を通じて，あらかじめ患者等に周知する。

ライン診療指針は2022（令和4）年1月に改訂されている。

　また，オンライン服薬指導についても，0410特例を踏まえて，薬機法施行規則および前述の令2・3・31薬生発0331第36号厚生労働省医薬・生活衛生局長通知「医薬品，医療機器等の品質，有効性及び安全性の確保等に関する法律等

【図表4－8】 今後のオンライン医療

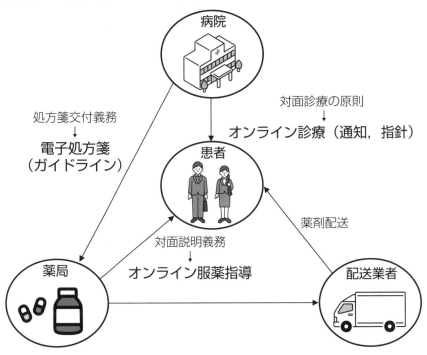

の一部を改正する法律の一部の施行について（オンライン服薬指導関係）」の一部が改正され，オンライン服薬指導の要件が緩和されている[15]。その概要は以下のとおりである。

　オンライン診療，オンライン服薬指導および電子処方箋は，次世代のヘルスケアを構成するものであり，政府は「経済財政運営と改革の基本方針2020」（いわゆる骨太の方針2020）において，データヘルス改革に関する工程を具体化するとの方針を打ち出している。これを受けて，厚生労働省では，データヘルスの集中改革プランを示しており，今後も電子処方箋を含めて制度の整備が

15　令4・3・31薬生発0331第17号厚生労働省医薬・生活衛生局長通知「医薬品，医療機器等の品質，有効性及び安全性の確保等に関する法律施行規則の一部を改正する省令の施行について（オンライン服薬指導関係）。

行われる見込みである。

　また，今後のオンライン医療に関連する論点として，薬局における調剤業務の外部委託解禁が検討されている。現在は，薬機法施行規則11条の11において「薬局開設者は，調剤の求めがあった場合には，その薬局で調剤に従事する薬剤師にその薬局で調剤させなければならない。」と規定されていることから，調剤業務の外部委託は許容されないと解されているが，内閣府の規制改革推進会議による2021（令和3）年6月1日付「規制改革推進に関する答申〜デジタル社会に向けた規制改革の「実現」〜」により，調剤業務の効率化が提言されたことを契機に，同規制改革推進会議の「医療・介護・感染症対策ワーキング・グループ」や厚生労働省の「薬局薬剤師の業務及び薬局の機能に関するワーキンググループ」において議論が進められている。なお，病院についても，業務範囲規制との関係で，調剤業務の外部委託可否が問題となり得る。

【ヘルスケア事業に参入する際のポイント】

✓　対面診療の原則の例外としてオンライン診療が認められている。ただし，初診からのオンライン診療の適用対象，診療計画の策定，本人確認の方法，情報通信手段，診療報酬の施設基準など，オンライン診療を実施するための障壁も多々あることに留意する。

✓　改正薬機法により，国家戦略特別区域法に基づく特例に限らず，オンライン服薬指導が可能となっている。ただし，改正薬機法，国家戦略特別区域法，0410特例のそれぞれで要件に違いもある。

✓　2016（平成28）年には電子処方箋も解禁され，一定の条件下ではあるものの，診察から調剤まですべてオンラインで実施可能な状況となっており，今後ますます普及することが考えられる。

4 | 医療機関と事業者との連携

　非ヘルスケア事業者は，上記②(3)で述べたとおり自身で医療機関を設立することができないため，医療サービスを提供するには，医療機関と提携する必要がある。医療機関との提携においては，医療機関と事業者間の金銭の授受に関するさまざまな規制を把握した上で，ビジネスモデルを設計しなければならない。

(1) 紹介料禁止規定（療担規則・薬担規則）

　保険医療機関を対象とする「保険医療機関及び保険医療養担当規則」（以下「療担規則」という）および保険薬局を対象とする「保険薬局及び保険薬剤師療養担当規則」（以下「薬担規則」という）は，それぞれ2014（平成26）年の改正において，紹介料禁止規定が追加された（療担規則2条の4の2第2項，薬担規則2条の3の2第2項）。すなわち，保険医療機関および保険薬局は，事業者またはその従業員に対して，患者を紹介する対価として金品を提供することその他の健康保険事業の健全な運営を損なうおそれのある経済上の利益を提供することにより，患者が自己の保険医療機関または保険薬局において診療または調剤を受けるように誘引することが禁止されている。この禁止規定は，紹介料目当ての過剰な診療の防止，患者による保険医療機関および保険薬局の自由な選択の確保を目的としている。なお，療担規則および薬担規則は，保険医療機関による保険診療を対象にしているため，自由診療のみを実施している医療機関は対象とはならない。ただし，そのような病院は非常にまれと思われる。

　平26・7・10厚生労働省保険局医薬課事務連絡「疑義解釈資料の送付について（その8）」には，この紹介料禁止規定の疑義解釈が紹介されている。同事務連絡によると，「患者を紹介する」とは，保険医療機関等と患者を引き合わせることであり，保健医療機関等に患者の情報を伝え，患者への接触の機会を与えること，患者に保険医療機関等の情報を伝え，患者の申出に応じて，保険

医療機関等と患者を引き合わせること等も含まれる。

「紹介する対価」については，対価としての明示がされる場合だけでなく，明示がなくとも，別形式・別名目で支払われる料金に患者紹介の対価が上乗せされ，実質的に患者紹介の対価として経済上の利益が提供される場合も該当するとされている。その例としては，以下のようなものがある。

(ｱ)　医療機関の不動産賃借料または使用料

(ｲ)　訪問診療の広報業務

(ｳ)　施設との連絡・調整業務

(ｴ)　訪問診療の際の車の運転業務等

(ｵ)　料金徴収（代行）業務

(ｶ)　コンサルタント業務

(ｷ)　広告掲載業務

これらの場合，一見して紹介料が含まれると判断することは難しいが，同事務連絡に，「保険医療機関等が支払っている委託料・貸借料について，患者紹介の対価が上乗せされていると疑われる場合は，当該地域における通常の委託料・貸借料よりも高くはないこと，社会通念上合理的な計算根拠があること等が示される必要がある。また，患者紹介を受けており，保険医療機関等が支払っている委託料・貸借料について，診療報酬の一定割合と設定されている場合は，実質的に，患者紹介の対価として支払われているものと考えられる。同様に委託料・貸借料について，患者数に応じて設定されている場合は，業務委託・貸借の費用と患者数が関係しており，社会通念上合理的な計算根拠があること等が示される必要がある。」とあることが参考になる。すなわち，以下の事情がある場合，別形式・別名目で料金が支払われるときでも，当該料金が紹介料と判断される方向に動く事情となると考えられる。

> ➤ 料金が診療報酬の一定割合と設定されている。
>
> ➤ 料金が患者数に応じて設定されている。
>
> ➤ 委託料に明らかな上乗せがある。

　したがって，保険医療機関および保険薬局が事業者に対して支払う金額については，当該地域における通常の料金よりも高くないことに加え，社会通念上合理的な計算根拠が示せるようにする必要がある。

　また，療担規則では，事業者と保険医療機関または保険薬局の関係だけではなく，保険医療機関と保険薬局の関係についても規制があり，保険医が特定の保険薬局へ患者を誘導することおよびその対償として保険薬局から金品その他の財産上の利益を受けることが禁止されている（療担規則2条の4の2）。そのため，特定の保健医療機関と保険薬局が患者を紹介し合うビジネスモデルも成立しない。

　紹介料禁止規定で問題になることが想定される事案として，病院検索・予約システムにおける病院情報の掲載サービスや医療機関広告等が考えられる。これらのサービスは，患者に当該医療機関の情報を伝え，患者の検索行為に基づき保険医療機関と患者を引き合わせるものであるから，「患者を紹介する」ものと判断される可能性が高い。医療機関から広告掲載料を徴収してこのようなサービスを提供する場合は，「広告掲載料」が患者数や診療報酬に応じた「患者紹介料」ではないことの計算根拠を示せるようにしておくことが求められる。

　また，事業者が医療機関と提携して，当該医療機関におけるオンライン診療やオンライン受診勧奨等を含むサービスを行うこともあるが，このような場合も事業者は医療機関に「患者を紹介する」ものということができるため，たとえば，サービス利用者の料金決済を事業者が医療機関に代行して行う場合には，その決済手数料が患者紹介の対価とみられることがないよう手数料を設計することが必要となる。

⑵　景品類の提供の制限（公正競争規約）

　事業者が医療機器を取り扱う場合，医療機関との連携においては，第2章5
⑵で説明した「医療機器業における景品類の提供の制限に関する公正競争規
約」にも注意する必要がある。

　すなわち，同公正競争規約では，「事業者は，医療機関等に対し，医療機器
の取引を不当に誘引する手段として，景品類を提供してはならない。」とされ
ており（公競規3条），また，ここでいう景品類の提供に該当するものとしては，
「医療機関等に所属する医師，歯科医師その他の医療担当者及び医療業務関係
者に対し，医療機器の選択又は購入を誘引する手段として提供する金品，旅行
招待，きょう応，便益労務等」があげられている（公競規4条1項）。事業者が
医療機関等に金銭を提供する場合，これらの不当な景品類提供とみなされるも
のとならないように注意しなければならない。

【ヘルスケア事業に参入する際のポイント】

✓　（施設検索サービスなどで）保険医療機関や保険薬局と提携する際は，これら
　　の施設に患者を紹介し，紹介料を得るというビジネスモデルは成立しないこ
　　とに留意する。

✓　医療機器を取り扱う場合，公競規による医療機関等への景品類の提供の制限
　　にも注意する。

---

5 ┃ 広告規制

　上記⓵(1)で触れたとおり，医療法では医業等に関する広告に対する規制（医療法6条の5〜6条の7）がある。医療関係者以外の者もこの規制の対象となることから，ここで広告規制について説明する。

(1)　広告の定義

　医療広告ガイドラインによれば，医療法の規制対象となる広告とは，(ア)患者の受診等を誘引する意図があること（誘引性）および(イ)医業を提供する者の氏名もしくは名称または病院等の名称が特定可能であること（特定性）のいずれの要件も満たすものをいう。

　上記(ア)の「誘引性」は，広告に該当するか否かを判断する情報物の客体の利益を期待して誘引しているか否かにより判断するものとされており，たとえば新聞記事は，特定の病院等を推薦している内容であったとしても，「誘引性」の要件を満たさないものとして取り扱うこととされている。ただし，当該病院等が自らのウェブサイト等に掲載する治療等の内容または効果に関する体験談については広告に該当する。また，上記(イ)の「特定性」については，複数の提供者または医療機関を対象としている場合も該当するものであるとされている。

(2)　広告規制の対象者

　医療法6条の5第1項は，「何人も，……虚偽の広告をしてはならない」と規定しており，医師や病院等の医療機関だけではなく，マスコミ，広告代理店，アフィリエイター，患者または一般人等，何人も広告規制の対象に当たるとされている。

(3)　禁止される広告

①　禁止の対象となる広告の種類

　医療法6条の5第1項，第2項により，㋐虚偽広告，㋑比較優良広告，㋒誇大広告，㋓公序良俗に反する広告，㋔患者の主観に基づく，治療等の内容または効果に関する体験談の広告，㋕治療等の内容または効果について，患者等を誤認させるおそれがある治療等の前または後の写真等の広告といった種類の広告が禁止されている。なお，厚生労働省は，令3・7・26厚生労働省医政局総務課事務連絡「医療広告規制におけるウェブサイトの事例解説書について」により，禁止される広告の例などを図示した事例解説書を公開しており，医療広告を検討する際には同事例解説書を参照することが望ましい。たとえば，上記㋐に関して，医療広告ガイドラインでは「データの根拠（具体的な調査の方法等）を明確にせず，データの結果と考えられるもののみを示すものについては，虚偽広告として取り扱うべきであること」とされているが，同事例解説書では，さらに具体的に，「当院におけるHARG療法の発毛率は99%です。治療を受けた患者様のほぼ全員が効果を実感しておられます！」や，「当院のインプラント手術の成功率は97.5%です。」といった表記が不適切な広告として例示されている。

②　患者の主観に基づく，治療等の内容または効果に関する体験談の広告

　禁止の対象となる広告の中でも，とりわけ医療関係者以外の事業者に関連するものとして，上記㋔患者の主観に基づく，治療等の内容または効果に関する体験談の広告がある。医療広告ガイドラインでは，「治療等の内容または効果に関する体験談」に関して，「個人が運営するウェブサイト，SNSの個人のページ及び第三者が運営するいわゆる口コミサイト等への体験談の掲載については，医療機関が広告料等の費用負担等の便宜を図って掲載を依頼しているなどによる誘引性が認められない場合は，広告に該当しない」と説明されている。

　これが，医療機関が口コミ等を掲載する患者等に直接広告料の支払をする等

の便宜を図る場合だけでなく，治療等の内容または効果に関する体験談などの口コミを掲載するウェブサービスに広告料を支払う場合まで含むかについては，従来議論のあったところである。

　この論点については，2018（平成30）年8月に厚生労働省が示した「医療広告ガイドラインに関するQ&A」において同省の見解が示されている。すなわち，同Q&AのQ1–18によると，医療機関が患者やその家族に（有償・無償を問わず）肯定的な体験談の投稿を依頼した場合は，当該体験談には誘引性が生じるが，医療機関の検索が可能なウェブサイトに掲載された体験談が，医療機関からの影響を受けずに患者やその家族が行う推薦にとどまる限りは，誘引性は生じないとされている。しかし，医療機関が患者やその家族に（有償・無償を問わず）肯定的な体験談の投稿を依頼していない場合であっても，たとえば，当該ウェブサイトの運営者が，体験談の内容を改編したり，否定的な体験談を削除したり（当該体験談が名誉毀損等の不法行為に当たる場合を除く），または肯定的な体験談を優先的に上部に表示するなど体験談を医療機関の有利に編集している場合，それが医療機関からの依頼によって行われたものであるときには誘引性が生じると解されている。さらに，仮に医療機関の依頼により行われたものではないとしても，事後的に医療機関がそのように編集されたウェブサイトの運営費を負担する場合には，当該編集された体験談に誘引性が生じると考えられている。

　したがって，口コミを掲載するウェブサービスを運営し，医療機関からの広告料を得るといったスキームを検討する際は，上記のQ&Aを踏まえて，体験談に「誘引性」が認められてしまうものとならないよう注意する必要がある。

(4)　広告可能な事項

　医療法6条の5第3項により，医療法または平成19年厚生労働省告示第108号「医業，歯科医業若しくは助産師の業務又は病院，診療所若しくは助産所に関して広告することができる事項」（以下「広告告示」という）により広告が可能とされた事項以外は，文書その他いかなる方法によるかを問わず，何人も

広告をしてはならないこととされている。医療法では，広告可能な事項としては，以下のものがあげられている。

(ア) 医師または歯科医師である旨

(イ) 診療科名

(ウ) 名称，電話番号，所在の場所を表示する事項，管理者の氏名

(エ) 診療日または診療時間，予約による診療の実施の有無

(オ) 法令の規定に基づき一定の医療を担うものとして指定を受けた病院等（例：特定機能病院）

(カ) 地域医療連携推進法人の参加病院等である旨

(キ) 病院等における施設，設備に関する事項，従業者の人員配置

(ク) 医師等の医療従事者の氏名，年齢，性別，役職および略歴，厚生労働大臣が定めた医師等の専門性に関する資格名

(ケ) 医療相談，医療安全，個人情報の適正な取扱いを確保するための措置，病院等の管理または運営に関する事項

(コ) 紹介可能な他の医療機関等の名称，共同で利用する施設または医療機器等の他の医療機関との連携に関すること

(サ) ホームページアドレス，入院診療計画等の医療に関する情報提供に関する内容

(シ) 病院等において提供される医療の内容に関する事項

(ス) 手術，分娩件数，平均入院日数，平均患者数等，医療に関する適切な選択に資するものとして厚生労働大臣が定める事項

(セ) その他(ア)～(ス)に準ずるものとして厚生労働大臣が定めるもの

　事業者は，自社のサービスの優位性を示すため，サービスを提供する医師の専門性を広告することを希望することもあるが，上記(ク)のとおり，専門性資格の広告についても，医療広告ガイドラインに定めがある。まず，広告告示1条2号イからリに掲げる基準を満たす団体が厚生労働大臣に届出を行った場合は，

当該団体が認定するいわゆる専門医等の資格を有する旨を広告しても差し支えないとされており，限定解除要件を満たす広告でない限り，厚生労働大臣に届出が行われた一定の資格のみしか広告することができない。また，実際の広告では，専門性の認定を行った団体を明記することとされており，医療広告ガイドラインでは，具体例として，「医師○○○○（○○学会認定○○専門医）」や「薬剤師○○○○（○○学会認定○○専門薬剤師）」といったものが示されている。上記のとおり，専門性の資格は，各関係学術団体が認定するものであるため，たとえば，「厚生労働省認定○○専門医」等は虚偽広告として扱い，単に「○○専門医」との標記も誤解を与えるものとして，誇大広告に該当するものとして指導等を行うこととされている。

(5) 限定解除

　上記のとおり，医療法6条の5第3項の規定により，医療法または広告告示により広告が可能とされた事項以外は，広告してはならないこととされているが，同項の規定により患者が自ら求めて入手する情報については，適切な情報提供が円滑に行われる必要があるとの考え方から，医療法施行規則1条の9の2に規定する要件を満たした場合，そうした広告可能事項の限定を解除し，他の事項を広告することができるとされている。限定解除の要件は，以下のとおりである（下記(ウ)および(エ)は自由診療について情報を提供する場合のみ要件となる）。

> (ア) 医療に関する適切な選択に資する情報であって患者等が自ら求めて入手する情報を表示するウェブサイトその他これに準じる広告であること
>
> (イ) 表示される情報の内容について，患者等が容易に照会ができるよう，問い合わせ先を記載することその他の方法により明示すること
>
> (ウ) 自由診療に係る通常必要とされる治療等の内容，費用等に関する事項について情報を提供すること

> エ　自由診療に係る治療等に係る主なリスク，副作用等に関する事項について情
> 　　報を提供すること

　上記㋐は，ウェブサイトの他，メルマガ，患者の求めに応じて送付するパンフレット等が該当し得るものであるとされている。なお，この要件を満たさない例としては，インターネット上のバナー広告，あるいは検索サイト上で，たとえば「癌治療」を検索文字として検索した際に，スポンサーとして表示されるものや検索サイトの運営会社に対して費用を支払うことによって意図的に検索結果として上位に表示される状態にしたものがある。

　また，上記㋑は，表示される情報の内容について，問い合わせ先が記載されていること等により，容易に照会が可能であり，それにより患者と医療機関等との情報の非対称性が軽減されるよう担保されている場合を指すとされている。なお，問い合わせ先とは，電話番号，Ｅメールアドレス等をいう。

　次に，上記㋒については，自由診療は保険診療として実施されるものとは異なり，その内容や費用が医療機関ごとに大きく異なり得るため，その内容を明確化し，料金等に関するトラブルを防止する観点から，(ⅰ)機関で実施している治療等を紹介する場合には，治療等の名称や最低限の治療内容・費用だけを紹介することにより国民や患者を誤認させ不当に誘引すべきではなく，通常必要とされる治療内容，標準的な費用，治療期間および回数を掲載し，国民や患者に対して適切かつ十分な情報をわかりやすく提供すること，(ⅱ)標準的な費用が明確でない場合には，通常必要とされる治療の最低金額から最高金額（発生頻度の高い追加費用を含む）までの範囲を示すなどして可能な限りわかりやすく示すこと，(ⅲ)当該情報の掲載場所については，患者等にとってわかりやすいよう十分に配慮し，たとえば，リンクを張った先のウェブページへ掲載したり，利点や長所に関する情報と比べて極端に小さな文字で掲載したりといった形式を採用しないこととされている。

　最後に，上記㋓は，自由診療に関しては，その利点や長所のみが強調され，その主なリスク等についての情報が乏しい場合には，当該医療機関を受診する

者が適切な選択を行えないおそれがあるため，利点等のみを強調することにより，国民・患者を誤認させ不当に誘引すべきではなく，(i)国民や患者による医療の適切な選択を支援する観点から，その主なリスクや副作用などの情報に関してもわかりやすく掲載し，国民や患者に対して適切かつ十分な情報を提供すること，(ii)当該情報の掲載場所については，患者等にとってわかりやすいよう十分に配慮し，たとえば，リンクを張った先のウェブページへ掲載したり，利点や長所に関する情報と比べて極端に小さな文字で掲載したりといった形式を採用しないこととされている。

【ヘルスケア事業に参入する際のポイント】

✓ 医療法による広告規制は医療関係者以外にも適用されるものなので，口コミサイト等医療機関の情報を掲載するウェブサービスを展開する場合などは，医療法に抵触しないよう注意する。たとえば，医療機関から広告料を得るスキームの場合，医療機関に有利な編集をするなど「誘引性」が認められてしまう仕組みは避けなければならない。

✓ 広告可能な事項は医療法により限定されているが，患者等が自ら求めて入手する情報を表示するウェブサイト等は，一定の要件の下，その限定が解除される。限定解除要件を満たした場合，治療効果に関する内容を広告することが可能になるなどメリットがあるので，それも踏まえた検討をすべきである。

第 5 章

個人情報保護法

1 ｜ 個人情報保護法制

(1)　ヘルスケア事業からみた個人情報保護

　本書は主に非ヘルスケア事業者を対象としたものであることから，まずはヘルスケア事業における個人情報保護の特徴について触れ，その上で個人情報保護法の個別の規定のうち特に注意を要するものについて説明する。

　ヘルスケア事業において最も注意しなければならないのは，個人の病歴，身体および精神の健康状態などといった極めてセンシティブな情報を扱うということである。後述するが，個人情報の保護に関する法律（以下「個人情報保護法」という。なお，後述のとおり，2020（令和 2 ）年改正法および2021（令和 3 ）年改正法の一部が2022（令和 4 ）年 4 月 1 日に施行されているが，当該施行日後の改正法を「改正個人情報保護法」という）では，このようなとりわけセンシティブな情報について，「要配慮個人情報」としてこれに該当しない個人情報と比べて厳格な扱いを求めている。このような傾向は日本だけでなく，米国や欧州などの諸外国でも同様であり，事業を海外展開する場合や個人情報を越境移転させる場合には，各国・各地域の法令にも注意しなければならない。また，そのように厳格な扱いが求められることと関連するが，一度個人情報の漏えいが起きると，金銭的な補償では取り返せないような企業・ブランドイメージの毀損が生じる（レピュテーションリスクがある）ことを肝に銘じておく必要がある。

　なお，とりわけ医療・介護分野における個人情報の取扱いの特殊性を踏まえて，個人情報保護委員会および厚生労働省により「医療・介護関係事業者における個人情報の適切な取扱いのためのガイダンス」（以下「医療・介護関係事業者ガイダンス」という）が公表されている。これは，病院，診療所，薬局等の患者に対し直接医療を提供する医療機関等や介護保険法に規定する居宅サービス事業，介護予防サービス事業等を行う介護関係事業者を直接の対象とした

ものであり，直接には関係しない事業を行うことを想定している場合も多いかもしれないが，医療・介護関係事業者と連携する機会は多々あると想定されるので，以下では，医療・介護関係事業者ガイダンスにおける説明も適宜紹介する。

(2)　個人情報保護法

①　「個人情報」の範囲・要配慮個人情報

　個人情報保護法の適用対象となる「個人情報」とは，生存する個人に関する情報であって，当該情報に含まれる氏名，生年月日その他の記述等により特定の個人を識別することができるもの（他の情報と容易に照合することができ，それにより特定の個人を識別することができることとなるものを含む），または個人識別符号が含まれるものをいう（個人情報保護法2条1項。改正個人情報保護法においても同じ。なお，以降は改正個人情報保護法による条文番号の変更がないものには，改正個人情報保護法においても同じである旨の言及を省略する）。ヘルスケア事業では，研究開発などにおいて死者に関する情報を扱う機会もあり得るが，死者に関する情報は，それ自体では「個人情報」には該当せず，それが同時に遺族等の生存する個人に関する情報でもある場合には，当該生存する個人に関する情報となる。医療・介護関係事業者ガイダンスでは，「個人情報」の例として，下表のものがあげられている。

医療機関等における個人情報の例	診療録，処方箋，手術記録，助産録，看護記録，検査所見記録，エックス線写真，紹介状，退院した患者に係る入院期間中の診療経過の要約，調剤録　等
介護関係事業者における個人情報の例	ケアプラン，介護サービス提供に係る計画，提供したサービス内容等の記録，事故の状況等の記録　等

　個人情報保護法では，特に慎重な取扱いを要する情報を「要配慮個人情報」

と定義している。「要配慮個人情報」とは，本人の人種，信条，社会的身分，病歴，犯罪の経歴，犯罪により害を被った事実その他本人に対する不当な差別，偏見その他の不利益が生じないようにその取扱いに特に配慮を要するものとして政令で定める記述等が含まれる個人情報をいう（同法 2 条 3 項）。「政令で定める記述等」としては，身体障害，知的障害，精神障害その他の心身の機能の傷害，健康診断の結果等を内容とする記述といったものがあげられており（個人情報保護法施行令 2 条，個人情報施行規則 5 条），医療・介護関係事業者ガイダンスでも，要配慮個人情報の具体例として，診療録等の診療記録や介護関係記録に記載された病歴，診療や調剤の過程で，患者の身体状況，病状，治療等について，医療従事者が知り得た診療情報や調剤情報，健康診断の結果および保健指導の内容，障害（身体障害，知的障害，精神障害等）の事実，犯罪により害を被った事実等をあげている。

　要配慮個人情報は，その取得や第三者提供について，原則として本人の同意が必要とされており，後述するオプトアウトによる第三者提供（個人情報保護法23条 2 項／改正個人情報保護法27条 2 項）も認められていない。

②　個人データの第三者提供

　個人から取得した個人情報であって，「個人情報データベース等」（特定の個人情報をコンピュータを用いて検索することができるように体系的に構成した個人情報を含む情報の集合物，またはコンピュータを用いずに紙面で処理した個人情報を一定の規則（五十音順，生年月日順など）に従って整理，分類し，特定の個人情報を容易に検索することができるように体系的に構築した情報の集合物，目次，索引その他検索を容易にするためのものを有するもの（個人情報保護法 2 条 4 項，個人情報保護法施行令 3 条 2 項／改正個人情報保護法16条 1 項，改正個人情報保護法施行令 4 条 2 項））により管理されているものについては，原則として，その「個人情報データベース等」を構成する個人情報である「個人データ」（個人情報保護法 2 条 6 項／改正個人情報保護法16条 3 項）を，本人の同意を得ないで第三者に提供することが禁止されている（個人情報保護法23条

1項本文／改正個人情報保護法27条1項本文)。

　ただし，この第三者提供の禁止には，大別して2種類の例外がある。1つは，同意を得ることが困難な場合の例外である。すなわち，㋐法令に基づく場合（医師等が特定医療機器の製造販売承認取得者へ当該特定医療機器利用者に関わる情報を提供する場合（薬機法68条の5第2項）など），㋑人の生命，身体または財産の保護のために必要がある場合であって，本人の同意を得ることが困難であるとき，㋒公衆衛生の向上または児童の健全な育成の推進のために特に必要がある場合であって，本人の同意を得ることが困難であるとき，㋓国の機関もしくは地方公共団体またはその委託を受けた者が法令の定める事務を遂行することに対して協力する必要がある場合であって，本人の同意を得ることにより当該事務の遂行に支障を及ぼすおそれがあるときには，本人の同意を得ることなく個人データを第三者に提供することができる（個人情報保護法23条1項各号／改正個人情報保護法27条1項1号～4号）。

　もう1つの例外は，オプトアウトによる第三者提供である。要配慮個人情報を除く個人データについて，本人の求めに応じて当該本人が識別される個人データの第三者への提供を停止することとしている場合であって，下記の事項について，個人情報保護委員会規則で定めるところにより，あらかじめ，本人に通知し，または本人が容易に知り得る状態に置くとともに，個人情報保護委員会に届け出たときは，当該個人データを第三者に提供することができるとされている（個人情報保護法23条2項／改正個人情報保護法27条2項）。

㋐　第三者への提供を利用目的とすること

㋑　第三者に提供される個人データの項目

㋒　第三者への提供の方法

㋓　本人の求めに応じて当該本人が識別される個人データの第三者への提供を停止すること

㋔　本人の求めを受け付ける方法

※改正個人情報保護法においては，下記㋕～㋖も対象となる。

> ㊐　第三者への提供を行う個人情報取扱事業者の氏名または名称および住所なら
> びに法人にあっては，その代表者の氏名
> ㊔　第三者に提供される個人データの取得の方法
> ㊏　その他個人の権利利益を保護するために必要なものとして個人情報保護委員
> 会規則で定める事項（第三者に提供される個人データの更新の方法，当該届
> 出に係る個人データの第三者への提供を開始する予定日）

　上記①でも触れたとおり，要配慮個人情報については，オプトアウトによる第三者提供が認められていないことに注意が必要である。要配慮個人情報に該当する病歴などの情報を第三者に提供するときには，本人の同意を得る場合を除いて，本人が特定できないよう匿名加工した情報（匿名加工情報）として提供することが必要となる（匿名加工情報については後述する）。

　また，医療・介護関係事業者ガイダンスによれば，医療機関等から第三者への情報の提供のうち，患者の傷病の回復等を含めた患者への医療の提供に必要であり，かつ，個人情報の利用目的として院内掲示等により明示されている場合には，原則として黙示による同意が得られているものと考えることができる。具体的には，㋐患者への医療の提供のため，他の医療機関等との連携を図ること，㋑患者への医療の提供のため，外部の医師等の意見・助言を求めること，㋒患者への医療の提供のため，他の医療機関等からの照会があった場合にこれに応じること，㋓患者への医療の提供に際して，家族等への病状の説明を行うこと等が利用目的として特定されている場合には，これらについて患者の同意があったものと考えられるとされている。

　ただし，院内掲示等においては，㋐患者は，医療機関等が示す利用目的の中で同意しがたいものがある場合には，その事項について，あらかじめ本人の明確な同意を得るよう医療機関等に求めることができること，㋑患者が上記㋐の意思表示を行わない場合は，公表された利用目的についての患者の同意が得られたものとすること，㋒同意または留保は，その後，患者からの申出により，いつでも変更することが可能であることをあわせて掲示するものとされており，

黙示の同意があるものとして扱う場合でも，院内掲示等において，相応の説明をすることが必要となる。

なお，個人データの提供が，下記の個人情報保護法23条5項各号（改正個人情報保護法27条5項各号）のいずれかに該当する場合には，提供先の事業者は，ここでいう「第三者」に当たらないものとして，本人の同意を得ることなく個人データを提供することができる。

(ｱ) 個人情報取扱事業者が利用目的の達成に必要な範囲内において個人データの取扱いの全部または一部を委託することに伴って当該個人データが提供される場合

(ｲ) 合併その他の事由による事業の承継に伴って個人データが提供される場合

(ｳ) 特定の者との間で共同して利用される個人データが当該特定の者に提供される場合であって，その旨ならびに共同して利用される個人データの項目，共同して利用する者の範囲，利用する者の利用目的および当該個人データの管理について責任を有する者の氏名または名称について，あらかじめ，本人に通知し，または本人が容易に知り得る状態に置いているとき

※上記(ｳ)につき，改正個人情報保護法では，上記の項目に加えて，個人データの管理について責任を有する者の住所および法人にあっては，その代表者の氏名も本人に通知し，または本人が容易に知り得る状態に置くことが求められる。

---

③ 第三者提供に係る記録の作成等

個人データを第三者に提供する際には，一定の場合を除き，当該提供に係る記録の作成が義務づけられている。

まず，記録義務の内容に入る前に，記録義務が適用されない場合について説明しておくと，医療・介護関係事業者ガイダンスでは，記録義務が適用されない場合として【図表5－1】の5つの類型が示されている。

【図表5－1】記録義務が適用されない5つの類型

類　型	内　容
第三者が個人情報保護法2条5項各号（改正個人情報保護法16条2項各号）に掲げる者である場合	➢　国の機関 ➢　地方公共団体 ➢　独立行政法人等 ➢　地方独立行政法人
個人情報保護法23条1項各号（改正個人情報保護法27条1項各号）に該当する場合	➢　法令に基づく場合 ➢　人（法人を含む）の生命，身体または財産の保護のために必要がある場合であって，本人の同意を得ることが困難であるとき ➢　公衆衛生の向上または心身の発展途上にある児童の健全な育成のために特に必要がある場合であって，本人の同意を得ることが困難であるとき ➢　国の機関もしくは地方公共団体またはその委託を受けた者が法令の定める事務を遂行することに対して協力する必要がある場合であって，本人の同意を得ることにより当該事務の遂行に支障を及ぼすおそれがあるとき ➢　当該個人情報取扱事業者が学術研究機関等である場合であって，当該個人データの提供が学術研究の成果の公表または教授のためやむを得ないとき（個人の権利利益を不当に侵害するおそれがある場合を除く） ➢　当該個人情報取扱事業者が学術研究機関等である場合であって，当該個人データを学術研究目的で提供する必要があるとき（当該個人データを提供する目的の一部が学術研究目的である場合を含み，個人の権利利益を不当に侵害するおそれがある場合を除く）（当該個人情報取扱事業者と当該第三者が共同して学術研究を行う場合に限る） ➢　当該第三者が学術研究機関等である場合であって，当該第三者が当該個人データを学術研究目的で取り扱う必要があるとき（当該個人データを取り扱う目的の一部が学術研究目的である場合を含み，個人の権利利益を不当に侵害するおそれがある場合を除く）

個人情報保護法23条5項各号（改正個人情報保護法27条5項各号）に該当する場合	➤ 個人情報取扱事業者が利用目的の達成に必要な範囲内において個人データの取扱いの全部または一部を委託することに伴って当該個人データが提供される場合 ➤ 合併その他の事由による事業の承継に伴って個人データが提供される場合 ➤ 特定の者との間で共同して利用される個人データが当該特定の者に提供される場合であって，その旨ならびに共同して利用される個人データの項目，共同して利用する者の範囲，利用する者の利用目的ならびに当該個人データの管理について責任を有する者の氏名または名称および住所ならびに法人にあっては，その代表者の氏名について，あらかじめ，本人に通知し，または本人が容易に知り得る状態に置いているとき
本人に代わって提供している場合	➤ 医療・介護関係事業者が患者・利用者本人からの委託等に基づき当該本人の個人データを第三者提供する場合
本人と一体と評価できる関係にある者に提供する場合	➤ 本人の代理人または家族等，本人と一体と評価できる関係にある者に提供する場合

　上記の類型のいずれにも該当しない場合で，個人データを第三者に提供したときは，文書，電磁的記録またはマイクロフィルムを用いて，第三者提供に係る記録を作成しなければならない（個人情報保護法25条1項，個人情報保護法施行規則12条1項／改正個人情報保護法29条1項，改正個人情報保護法施行規則19条1項）。この記録の作成は，原則として，個人データを第三者に提供した都度，速やかに行わなければならないが，当該第三者に対し個人データを継続的にもしくは反復して提供したとき，または当該第三者に対し個人データを継続的にもしくは反復して提供することが確実であると見込まれるときは，一括して作成することができる。また，代替手段として，本人に対する物品または役務の提供に関連して当該本人に係る個人データを第三者に提供した場合は，当該提供に関して作成された契約書その他の書面をもって記録とすることができる（個

人情報保護法施行規則12条2項・3項／改正個人情報保護法施行規則19条2項・3項）。

　医療・介護関係事業者ガイダンスでは，記録の作成について，提供者，受領者のいずれも記録の作成方法，保存期間は同一であることに鑑みて，受領者は提供者の記録義務の全部または一部を代替して行うことができるとされている（提供者と受領者の記録事項の相違については留意する必要がある）。この場合であっても，提供者および受領者は自己の義務が免責されるわけではないことから，実質的に自らが記録作成義務を果たしているものと同等の体制を構築しなければならない。

　第三者提供を行う際の記録事項は，【図表5－2】のとおりである（個人情報保護法25条1項，個人情報保護法施行規則13条／改正個人情報保護法29条1項，改正個人情報保護法施行規則20条）。

【図表5－2】第三者提供を行う際の記録事項

第三者提供の方法	記録事項
オプトアウトによる第三者提供	➢ 個人データを提供した年月日 ➢ 第三者の氏名等 ➢ 本人の氏名等 ➢ 個人データの項目
本人の同意による第三者提供	➢ 本人の同意 ➢ 第三者の氏名等 ➢ 本人の氏名等 ➢ 個人データの項目
※複数回にわたって同一「本人」の個人データの授受をする場合において，同一の内容である事項を重複して記録する必要はない。すでに作成した記録に記録された事項と内容が同一であるものについては，当該事項の記録を省略することができる。	

　そして，上記の事項が記録された記録は，その作成方法ごとに【図表5－3】の期間保存しなければならないとされている（個人情報保護法25条2項，個人情報保護法施行規則14条／改正個人情報保護法29条2項，改正個人情報保護法施

行規則21条）。

【図表 5 - 3】第三者提供を行う際の記録の保存期間

記録の作成方法	保存期間
契約書その他の書面の代替手段による方法により記録を作成した場合	最後に当該記録に係る個人データの提供を行った日から起算して1年を経過する日までの間
一括して記録を作成する方法により記録を作成した場合	最後に当該記録に係る個人データの提供を行った日から起算して3年を経過する日までの間
上記以外の場合	3年

④ 第三者提供を受ける際の確認等

　上記③では，個人データを第三者に提供する場合の記録義務について説明したが，当該第三者の立場で個人データの提供を受ける場合にも確認・記録義務が課されている。すなわち，第三者から個人情報の提供を受けるに際しては，上記③で記録の作成等が義務づけられない類型としてあげた類型に該当する場合を除き，【図表 5 - 4】の方法により，(ア)当該第三者の氏名または名称および住所ならびに法人にあっては，その代表者の氏名，および(イ)当該第三者による当該個人データの取得の経緯の確認を行わなければならないとされている（個人情報保護法26条 1 項，個人情報保護法施行規則15条／改正個人情報保護法30条 1 項，改正個人情報保護法施行規則22条）。

　また，この確認を行ったときは，文書，電磁的記録またはマイクロフィルムを用いて，第三者提供を受けたことの記録を作成しなければならないとされている（個人情報保護法26条 3 項，個人情報保護法施行規則16条 1 項／改正個人情報保護法30条 3 項，改正個人情報保護法施行規則23条 1 項）。この記録の作成は，原則として，第三者から個人データの提供を受けた都度，速やかに行わなければならないが，当該第三者から継続的にもしくは反復して個人データの提供を受

【図表 5 - 4】第三者提供を受ける際の確認事項

確認事項	確認の方法
当該第三者の氏名・名称・住所（＋法人の場合，代表者氏名）	個人データを提供する第三者からの申告を受ける方法等
当該第三者による当該個人データの取得の経緯	当該第三者から当該第三者による当該個人データの取得の経緯を示す契約書その他の書面の提示を受ける方法等
※医療・介護関係事業者ガイダンスでは，他の事業者から個人データの提供を受ける際には，上記の確認事項の他，当該事業者の法の遵守状況（たとえば，利用目的，開示手続，問い合わせ・苦情の受付窓口の公表，オプトアウトによる第三者提供により個人データの提供を受ける際には当該事業者の届出事項が個人情報保護委員会により公表されている旨など）についても確認することが望ましいとされている。 ※複数回にわたって同一「本人」の個人データの授受をする場合において，同一の内容である事項を重複して確認する合理性はないため，すでに上記の方法による確認を行い，適切に記録の作成および保存をしている場合には，当該確認済みの確認事項の内容と今回の提供に係る確認事項の内容が同一であることの確認を行うのみで足りる。	

けたとき，または当該第三者から継続的にもしくは反復して個人データの提供を受けることが確実であると見込まれるときは，一括して作成することができる。また，代替手段として，本人に対する物品または役務の提供に関連して第三者から当該本人に係る個人データの提供を受けた場合は，当該提供に関して作成された契約書その他の書面をもって記録とすることができる（個人情報保護法施行規則16条 2 項・ 3 項／改正個人情報保護法施行規則23条 2 項・ 3 項）。

　上記③で触れたことの裏返しであるが，医療・介護関係事業者ガイダンスでは，この場合も，記録の作成について，提供者，受領者のいずれも記録の作成方法，保存期間は同一であることに鑑みて，提供者は受領者の記録義務の全部または一部を代替して行うことができるとされている（提供者と受領者の記録事項の相違については留意する必要がある）。

　第三者提供を受ける際の記録事項は【図表 5 - 5】のとおりである（個人情

【図表5－5】 第三者提供を受ける際の記録事項

第三者提供の方法	記録事項
オプトアウトによる第三者提供	➢ 個人データの提供を受けた年月日 ➢ 第三者の氏名，取得の経緯等 ➢ 本人の氏名等 ➢ 個人データの項目 ➢ 個人情報保護委員会による公表
本人の同意による第三者提供	➢ 本人の同意 ➢ 第三者の氏名，取得の経緯等 ➢ 本人の氏名等 ➢ 個人データの項目
私人などからの第三者提供	➢ 第三者の氏名，取得の経緯等 ➢ 本人の氏名等 ➢ 個人データの項目
※複数回にわたって同一「本人」の個人データの授受をする場合において，同一の内容である事項を重複して記録する必要はない。すでに作成した記録に記録された事項と内容が同一であるものについては，当該事項の記録を省略することができる。	

報保護法26条3項，個人情報保護法施行規則17条／改正個人情報保護法30条3項，改正個人情報保護法施行規則24条)。

【図表5－6】 第三者提供を受ける際の記録の保存期間

記録の作成方法	保存期間
契約書その他の書面の代替手段による方法により記録を作成した場合	最後に当該記録に係る個人データの提供を受けた日から起算して1年を経過する日までの間
一括して記録を作成する方法により記録を作成した場合	最後に当該記録に係る個人データの提供を受けた日から起算して3年を経過する日までの間
上記以外の場合	3年

　そして，上記の事項が記録された記録は，その作成方法ごとに【図表 5 －
6】の期間保存しなければならないとされている（個人情報保護法26条 4 項，個
人情報保護法施行規則18条／改正個人情報保護法30条 4 項，改正個人情報保護法施
行規則25条）。

⑤　匿名加工情報

　「匿名加工情報」とは，個人情報を個人情報の区分に応じて定められた措置
を講じて特定の個人を識別することができないように個人情報を加工して得ら
れる個人に関する情報であって，当該個人情報を復元することができないよう
にしたものをいう（個人情報保護法 2 条 9 項／改正個人情報保護法 2 条 6 項）。ヘ
ルスケア事業においては，㋐ヘルスケア事業者が，医療機関や企業から健康診
断データを預かり，それをアプリで個人が閲覧できるサービスを通じて収集し
た健康診断データを匿名加工し，研究機関に第三者提供して共同研究を行うと
いった活用法や，㋑健康保険組合が保有する組合員の医療健康情報について匿
名加工情報の作成を行い，匿名加工後の情報を医療健康情報サービス事業者へ
第三者提供し，当該事業者において匿名加工情報を使った各種分析を行うと
いった活用法などが考えられるものである[1]。

　個人情報保護法では，匿名加工情報取扱事業者（匿名加工情報を含む情報の
集合物であって，特定の匿名加工情報をコンピュータを用いて検索することが
できるように体系的に構成したものその他特定の匿名加工情報を容易に検索す
ることができるように体系的に構成したものを事業の用に供している者をいう
（個人情報保護法 2 条10項／改正個人情報保護法16条 6 項））が匿名加工情報を取り
扱う場合等に遵守すべき義務が定められている。

　その 1 つに匿名加工情報を作成する際の個人情報の加工に関する規制があり，
匿名加工情報を作成する際には，下記の基準に従うことが求められている（個

1　「パーソナルデータの適正な利活用の在り方に関する動向調査（平成30年度）報告書〈別添資
　　料〉事例集」（個人情報保護委員会）
　　https://www.ppc.go.jp/files/pdf/jireisyu_201903.pdf

人情報保護法36条1項，個人情報保護法施行規則19条／改正個人情報保護法43条1項，
改正個人情報保護法施行規則34条）。

> 個人情報に含まれる特定の個人を識別することができる記述等の全部または
> 一部を削除すること（当該全部または一部の記述等を復元することのできる
> 規則性を有しない方法により他の記述等に置き換えることを含む）
> （例）・生年月日の情報を生年に置き換える
> 個人情報に含まれる個人識別符号の全部を削除すること（当該個人識別符号
> を復元することのできる規則性を有しない方法により他の記述等に置き換え
> ることを含む）
> （例）・生体情報（DNA，顔，虹彩，声紋，歩行の態様，手指の静脈，指紋・
> 　　　掌紋）をデジタルデータに変換したもののうち，特定の個人を識別す
> 　　　るに足りるものを削除する
> 個人情報と当該個人情報に措置を講じて得られる情報とを連結する符号（現
> に個人情報取扱事業者において取り扱う情報を相互に連結する符号に限る）
> を削除すること（当該符号を復元することのできる規則性を有しない方法に
> より当該個人情報と当該個人情報に措置を講じて得られる情報を連結するこ
> とができない符号に置き換えることを含む）
> （例）・個人情報と連結する管理用IDを削除する
> 特異な記述等を削除すること（当該特異な記述等を復元することのできる規
> 則性を有しない方法により他の記述等に置き換えることを含む）
> （例）・症例数の極めて少ない症例を削除する
> 　　　・年齢が「116歳」という情報を「90歳以上」に置き換える
> 上記のほか，個人情報に含まれる記述等と当該個人情報を含む個人情報デー
> タベース等を構成する他の個人情報に含まれる記述等との差異その他の当該
> 個人情報データベース等の性質を勘案し，その結果を踏まえて適切な措置を
> 講ずること

　さらに，医療・介護関係事業者ガイダンスにおいては，匿名加工情報を作成するため，個人情報から，当該情報に含まれる氏名，生年月日，住所等の，特定の個人を識別する情報を取り除く場合や，顔写真について一定のマスキングを行って特定の個人を識別できないよう加工する場合でも，当該個人情報を改正個人情報保護法施行規則等で定める基準に従って加工せず，当該個人情報を復元することが可能な場合には，匿名加工情報に該当しない旨が指摘されている。なお，改正個人情報保護法別表第二に掲げる法人に該当する学術研究機関等については，匿名加工情報取扱事業者等の義務に関する規定の適用は除外され，匿名加工情報の取扱いについて独立行政法人等による取扱いとみなして公的部門における規律が適用される点についても留意が必要である。

　また，匿名加工情報を第三者に提供する際には，あらかじめ，インターネット等を利用し，第三者に提供される匿名加工情報に含まれる個人に関する情報の項目およびその提供の方法について公表するとともに，当該第三者に対して，当該提供に係る情報が匿名加工情報である旨を明示しなければならないとされているが（個人情報保護法36条4項，37条，個人情報保護法施行規則22条，23条／改正個人情報保護法43条4項，44条，改正個人情報保護法施行規則37条，38条），個人データを第三者に提供する場合とは異なり，本人の同意を得ることは不要である。

　この他にも匿名加工情報の取扱いに関しては，加工方法等情報の安全管理措置（個人情報保護法36条2項／改正個人情報保護法43条2項），匿名加工情報の安全管理措置等（個人情報保護法36条6項／改正個人情報保護法43条6項），匿名加工情報の作成時の公表（個人情報保護法36条3項／改正個人情報保護法43条3項），識別行為の禁止（個人情報保護法36条5項，38条／改正個人情報保護法43条5項，45条）といった規制がある。

⑥　その他の事業者の義務

　個人情報取扱事業者が個人情報を取り扱うにあたっては，その利用目的をできる限り特定しなければならず（個人情報保護法15条1項／改正個人情報保護法

17条 1 項），また，個人情報取扱事業者は，あらかじめ本人の同意を得ないで，利用目的の達成に必要な範囲を超えて，個人情報を取り扱ってはならないとされている（個人情報保護法16条 1 項／改正個人情報保護法18条 1 項）。したがって，個人情報を取得するにあたっては，利用目的を不足なく定めておくことが必要となるが，ヘルスケア事業ではセンシティブな個人情報を取り扱う可能性が高いことに鑑みると，可能な限り明確に利用目的を定めておくことが望ましい。

　また，上記①でも触れたとおり，要配慮個人情報については，原則として本人の同意を得ないで取得することができないことにも注意しなければならない（個人情報保護法17条 2 項／改正個人情報保護法20条 2 項）。

　その他，個人情報取扱事業者は，個人データの安全管理のために必要かつ適切な措置を講じなければならないこと，その従業員に個人データを取り扱わせるにあたって，当該従業員に対する必要かつ適切な監督を行わなければならないこと，個人データの取扱いの全部または一部を委託する場合は，委託を受けた者に対する必要かつ適切な監督を行わなければならないことといった安全管理に関する義務を負っているが（個人情報保護法20条～22条／改正個人情報保護法23条～25条），取り扱う個人データの重要性の度合いを踏まえた対応が必要となる。

(3)　2020（令和 2 ）年改正個人情報保護法

①　2020（令和 2 ）年改正の経緯

　2015（平成27）年に改正された個人情報保護法は，附則12条 3 項に「この法律の施行後 3 年を目途として，個人情報の保護に関する国際的動向，情報通信技術の進展，それに伴う個人情報を活用した新たな産業の創出及び発展の状況等を勘案し，新個人情報保護法の施行の状況について検討を加え，必要があると認めるときは，その結果に基づいて所要の措置を講ずるものとする。」との規定を設けており，これに基づき，個人情報保護委員会により，この「いわゆる 3 年ごとの見直し」が実施された。その一環で，2019（平成31）年 4 月25日に「個人情報保護法　いわゆる 3 年ごと見直しに係る検討の中間整理」（以下

「中間整理」という）が示され，さらにその後の検討や中間整理公表後に発生した事案等を踏まえて，2019（令和元）年12月13日には「個人情報保護法　いわゆる3年ごと見直し制度改正大綱」（以下「改正大綱」という）が公表された。そして，2020（令和2）年3月10日には個人情報保護法改正案が閣議決定され，2020（令和2）年6月12日には，同規定に基づく初めての改正として「個人情報の保護に関する法律等の一部を改正する法律」（以下「令和2年改正法」という）が公布された。令和2年改正法の施行期日は2022（令和4）年4月1日（個人情報保護法23条2項により個人データを第三者に提供しようとする際の経過措置の施行期日は2021（令和3）年10月1日，同法83条から87条までの法定刑の引上げについては，2020（令和2）年12月12日より施行）とされていた。以下，令和2年改正法の概要を紹介する。

②　個人データに関する個人の権利のあり方

改正大綱においては，中間整理の意見募集において寄せられた，個人データの利用停止等（利用の停止または消去）に関する多岐にわたる意見を踏まえて，事業者の負担も考慮しつつ保有個人データに関する本人の関与を強化する観点から，個人の権利利益の侵害がある場合を念頭に，保有個人データの利用停止等の請求，第三者提供の停止の請求に係る要件を緩和し，個人の権利の範囲を広げることが示されていた。これを受けて令和2年改正法では，「当該本人が識別される保有個人データの取扱いにより当該本人の権利又は正当な利益が害されるおそれがある場合」にも，保有個人データの利用停止等または第三者提供の停止の請求ができるという規定が追加されている（改正個人情報保護法35条5項）。事業者としては，これらの請求への対応が困難な場合にはこれに代わるべき措置をとるという負担軽減策もあるものの（同6項），改正により従来よりも幅広く利用停止等の請求や第三者提供の停止の請求に応じなければならなくなることを念頭に置いておくべきである。

また，個人データの開示請求について，これまでは書面の交付による方法を原則としてきた（個人情報保護法施行令9条）。しかし，改正大綱で示されてい

たとおり，開示請求で得た保有個人データの利用等における本人の利便性向上の観点から，令和２年改正法では，本人が，電磁的記録の提供を含め，開示方法を指示できるようにし，請求を受けた個人情報取扱事業者は，当該方法による開示に多額の費用を要する場合等を除き，本人が請求した方法により開示しなければならないこととされた。

　他にも個人の権利利益の保護の観点から，令和２年改正法では，開示等の請求対象となる保有個人データについて，保存期間により限定しないこととし，現在除外されている６か月以内に消去する短期保存データを保有個人データに含めるとすることや（改正個人情報保護法16条４項），オプトアウト規定に基づいて本人の同意なく第三者提供できる個人データの範囲をより限定し，不正取得された個人データやオプトアウト規定により提供された個人データについても対象外とすること（改正個人情報保護法27条２項）などが示されている。

③　事業者の守るべき責務のあり方（漏えい等報告・本人通知）

　改正大綱では，漏えい等報告が個人情報の本人，個人情報取扱事業者，監督機関それぞれにとって多くの意義があること，国際的な潮流になっていること等を踏まえて，漏えい等報告について，法令上の義務として明記すること，ただし，軽微な事案についてもすべて報告を求めることは，報告対象となる事業者の負担，および報告を受領する執行機関にとっての有用性の観点から疑問があるため，一定数以上の個人データの漏えい，要配慮個人情報の漏えい等，一定の類型に該当する場合に限定して，速やかに委員会へ報告することを義務づけることが示されていた。また，個人データの漏えい等が発生した場合に，その旨を本人に通知することで，本人が二次被害の防止を行ったり，必要な権利を行使したりするなど，自ら適切な措置を講じることができることから，個人情報取扱事業者は，漏えい等報告の対象となる場合，原則として本人にも通知するものとするとされていた。これを受けて，令和２年改正法は，個人情報保護委員会への漏えい等報告，本人への通知に関する規定を新設している（改正個人情報保護法26条１項・２項）。

④　データ利活用に関する施策のあり方（仮名加工情報）

　令和2年改正の目玉の1つといえるが，一定の安全性を確保しつつ，イノベーションを促進する観点から，令和2年改正法では，他の情報と照合しない限り特定の個人を識別することができないように個人情報を加工して得られる個人に関する情報として「仮名加工情報」が導入された（改正個人情報保護法2条5項）。この「仮名加工情報」は，本人を識別する利用を伴わない，事業者内部における分析に限定するための一定の行為規制や，「仮名加工情報」に係る利用目的の特定・公表を前提に，個人の各種請求（開示・訂正等，利用停止等の請求）への対応義務を緩和し，また，さまざまな分析に活用できるようにするとされている。そして，仮名加工情報は，仮名加工情報を作成した個人情報取扱事業者において，他の情報と容易に照合して，特定の個人を識別することができる程度に加工されたものであることから，基本的には個人情報に該当する。そのため，仮名加工情報を作成した個人情報取扱事業者は，仮名加工情報取扱事業者としての義務（改正個人情報保護法41条）のみでなく，個人情報取扱事業者としての義務（改正個人情報保護法第4章第1節）も負うことになる。ただし，例外的に，仮名加工情報の取扱いの全部または一部の委託を受けた場合等に伴い当該仮名加工情報の提供を受けた事業者にとって，当該仮名加工情報が他の情報と容易に照合することで特定の個人を識別できない場合には，個人情報に該当しないことから，当該事業者は，個人情報取扱事業者としての義務を負わないが，この場合でも，仮名加工情報取扱事業者としての義務は課されることに注意が必要である。なお，「仮名加工情報」は，事業者内部での利用を前提としたものであるので，「仮名加工情報」自体を第三者に提供することは許容されない。

　個人情報取扱事業者は，仮名加工情報を作成する場合，次の(ア)から(ウ)に記載する基準に従い，個人情報を加工しなければならない（改正個人情報保護法41条1項，改正個人情報保護法施行規則31条）。

> (ア) 個人情報に含まれる特定の個人を識別することができる記述等の全部または一部を削除すること（当該全部または一部の記述等を復元することのできる規則性を有しない方法により他の記述等に置き換えることを含む）
>
> (イ) 個人情報に含まれる個人識別符号の全部を削除すること（当該個人識別符号を復元することのできる規則性を有しない方法により他の記述等に置き換えることを含む）
>
> (ウ) 個人情報に含まれる不正に利用されることにより財産的被害が生じるおそれがある記述等を削除すること（当該記述等を復元することのできる規則性を有しない方法により他の記述等に置き換えることを含む）

　医療製薬分野においては，とりわけ(ア)および(イ)に留意する必要がある。すなわち，令和2年改正法を反映した2021（令和3）年10月29日付「個人情報の保護に関する法律についてのガイドライン（仮名加工情報・匿名加工情報編）」（以下「改正仮名加工情報・匿名加工情報ガイドライン」という）[2]によれば，(ア)に関しては，氏名のようにその情報単体で特定の個人を識別することができるものや，住所，生年月日など，これらの記述等が合わさることによって特定の個人を識別することができるものの全部またはその一部を削除し，または他の記述等に置き換えることによって，特定の個人を識別することができないよう加工しなければならないと説明されている（改正仮名加工情報・匿名加工情報ガイドライン2－2－2－1－1）。

---

[2]　https://www.ppc.go.jp/files/pdf/211029_guidelines04.pdf

【想定される加工の事例】[3]

会員ID，氏名，年齢，性別，サービス利用履歴が含まれる個人情報を加工する場合	✓　氏名を削除する。
氏名，住所，生年月日が含まれる個人情報を加工する場合	以下のいずれかの方法を用いる。 ✓　氏名を削除する。 ✓　住所を削除する。または，県と市までの表示に置き換える。 ✓　生年月日を削除する。または，日を削除し，生年月に置き換える。

　また，(イ)については，加工対象となる個人情報が，個人識別符号を含む情報であるときは，当該個人識別符号単体で特定の個人を識別できるため，当該個人識別符号の全部を削除または他の記述等へ置き換えて，特定の個人を識別できないようにしなければならないとされている（同ガイドライン2－2－2－1－2）。なお，個人識別符号とは，その情報単体から特定の個人を識別することができるものとして個人情報保護法施行令で定めるものをいい，次のいずれかに該当するものを指す[4]。

特定の個人の身体の一部の特徴を電子計算機の用に供するために変換した符号	生体情報（DNA，顔，虹彩，声紋，歩行の態様，手指の静脈，指紋・掌紋）をデジタルデータに変換したもののうち，特定の個人を

3　実際には個別の事例ごとにどの程度の加工が必要か判断する必要があり，上記の事例は1つの例にすぎない。

4　個人識別符号の定義は，「個人情報の保護に関する法律についてのガイドライン（通則編）」（https://www.ppc.go.jp/files/pdf/211116_guidelines01.pdf）「2－2（個人識別符号）」に詳細に説明されている。

	識別するに足りるものとして規則2条で定める基準に適合するもの
対象者ごとに異なるものとなるように役務の利用，商品の購入または書類に付される符号	旅券番号，基礎年金番号，免許証番号，住民票コード，マイナンバー，各種保険証の番号等の公的機関が割り振る番号

⑤　データ利活用に関する施策のあり方（個人関連情報）

近年，提供先において個人データとなることをあらかじめ知りながら非個人情報として第三者に提供するという，個人情報保護法を潜脱するスキームが横行しつつあったことへの懸念から，これまで考え方が明確にされていなかった「提供元においては個人データに該当しないが，提供先においては個人データに該当する場合」についても，当該データの第三者提供を制限する規律を適用することとなった（改正個人情報保護法31条）。これにより，今後はクッキー等の識別子に紐づく個人情報ではないユーザーデータのみの提供であっても制限されるケースが出てくることに注意しなければならない（なお，改正大綱では，近時の事例も踏まえて，インターネットにおけるクッキー等の端末識別子等であっても，会員情報等と紐づけられ特定の個人を識別できるような場合は，個人情報保護法上の個人情報として取り扱われなければならないということが明示されている）。

⑥　ペナルティのあり方

個人情報保護法では，個人情報取扱事業者に科される罰則について最大でも1年以下の懲役または50万円以下の罰金とされていることから，現行のペナルティの体系では実効性が不十分な事業者を念頭に，ペナルティの強化が必要との議論がある。その一方で，現状においては，個人情報の取扱いに係る違反行為について，個人情報保護委員会の指導等により違法状態が是正されているのが実態であり，ペナルティの引上げに慎重な意見もある。このことから，改正

大綱において，ペナルティ強化に関する具体的な内容は示されていないが，個人の権利利益の保護の必要性はより高まっており，法人処罰規定に係る重科の導入を含め，必要に応じた見直しを行うとされていた。このような議論を踏まえて，令和 2 年改正法では，個人情報保護委員会による命令への違反，個人情報保護委員会に対する虚偽報告等の法定刑が引き上げられている（改正個人情報保護法173条，177条）。また，データベース等不正提供罪，個人情報保護委員会による命令違反の罰金について，法人と個人の資力格差等を勘案して，法人に対しては行為者よりも罰金刑の最高額が引き上げられている（法人に対しては，1 億円以下の罰金）（改正個人情報保護法179条 1 項 1 号）。

⑦　法の域外適用のあり方および国際的制度調和への取組みと越境移転のあり方（本人の同意を根拠に外国にある第三者へ個人データを提供する場合の取扱い）

改正前の個人情報保護法においては，個人情報取扱事業者が外国にある第三者に個人データを提供する場合には本人の同意を得なければならないこととされていたが，当該移転先国の名称等の情報提供までは求められていなかったことから，国や地域における制度の相違が個人データの越境移転に伴う懸念事項とされていた。そこで，令和 2 年改正法においては，過度なデータローカライゼーションや過度なガバメントアクセス等のリスクに鑑みて，個人データの移転元となる個人情報取扱事業者に対して，本人の同意を根拠に外国にある第三者に個人データを移転する場合は，本人への情報提供の充実を図るべく，改正個人情報保護法施行規則で定められる情報（移転先国の名称，適切かつ合理的な方法により得られた当該移転先国における個人情報保護制度に関する情報，個人情報保護措置に関する情報）を提供することが求められることとなった（改正個人情報保護法28条 2 項，31条 1 項 2 号，改正個人情報保護法施行規則17条，18条）。さらに，令和 2 年改正を反映した2021（令和 3 ）年10月29日付「個人情報の保護に関する法律についてのガイドライン（外国にある第三者への提供編）」[5]（以下「改正外国第三者提供ガイドライン」という）においては，【図

表5－7】のような指針も示されている（改正外国第三者提供ガイドライン5－
2）。

**【図表5－7】外国にある第三者へ個人データを提供する際の本人への情報提
供指針**

本人への情報提供が必要な項目	改正外国第三者提供ガイドラインによる指針
ア　「当該外国の名称」	提供先の第三者が所在する外国の名称をいう。必ずしも 正式名称を求めるものではないが，本人が自己の個人データの移転先を合理的に認識できると考えられる名称でなければならない。
イ　「適切かつ合理的な方法により得られた当該外国における個人情報の保護に関する制度に関する情報」	・「適切かつ合理的な方法」 「当該外国における個人情報の保護に関する制度に関する情報」は，一般的な注意力をもって適切かつ合理的な方法により確認したものでなければならない。 【該当事例】 事例1）提供先の外国にある第三者に対して照会する方法 事例2）わが国または外国の行政機関等が公表している情報を確認する方法 ・「当該外国における個人情報の保護に関する制度に関する情報」 個人データの越境移転に伴うリスクについて，本人の予測可能性を高めるという制度趣旨に鑑み，提供先の第三者が所在する外国における個人情報の保護に関する制度とわが国の法（個人情報の保護に関する法律）との間の本質的な差異を本人が合理的に認識できる情報でなければならない（なお，同ガイドラインでは，提供すべき情報に係る具体的な観点も示されている）。なお，ここでいう「当該外国における個人情報の保護に関する制度」は，当該外国における制度のうち，提供先の外国にある第三者に適用される制度に限られ，当該第三者に適用されない制度は含まれない。
ウ　「当該第三者が講ずる個人情報の保護のための措置	個人データの越境移転に伴うリスクについて，本人の予測可能性を高めるという制度趣旨に鑑み，当該外国にある第三者が講ずる個人情報の保護のための措置とわが国の法（個人情報の保護に関する法律）により個人データの取扱いについて個人情報取扱事業

5　https://www.ppc.go.jp/files/pdf/211029_guidelines02.pdf

| に関する情報」 | 者に求められる措置との間の本質的な差異を本人が合理的に認識できる情報でなければならない。 |

　また，改正外国第三者提供ガイドラインによれば，特に医療製薬分野において問題となり得る事例として，【**図表 5 - 8**】の 2 つの事例があげられている。したがって，これらに該当する場合には，その対応方法に留意する必要がある。

【図表 5 - 8】医療製薬分野における第三者提供時の留意点

	具体事例
提供先の第三者が所在する外国が特定できない場合	日本にある製薬会社が医薬品等の研究開発を行う場合において，被験者への説明および同意取得を行う時点では，最終的にどの国の審査当局等に承認申請するかが未確定であり，当該被験者の個人データを移転する外国を特定できない場合
提供先の第三者が講ずる個人情報の保護のための措置に関する情報が提供できない場合	日本にある製薬会社が医薬品等の研究開発を行う場合において，被験者への説明および同意取得を行う時点では，最終的にどの国の審査当局等に承認申請するかが未確定であり，当該被験者の個人データの提供先を特定できない場合

　個人情報取扱事業者は，改正個人情報保護法28条 1 項の規定により外国にある第三者への個人データの提供を認める旨の本人の同意を取得しようとする時点において，提供先の第三者が所在する外国を特定できない場合には，当該外国の名称および当該外国の個人情報の保護に関する制度に関する情報に代えて，次の(ア)および(イ)の情報を本人に提供しなければならない（改正個人情報保護法施行規則17条 3 項，改正外国第三者提供ガイドライン 5 - 3 - 1 ）。なお，事後的に提供先の第三者が所在する外国が特定できた場合には，本人の求めに応じて情報提供を行うことが望ましい。

(ア)　「特定できない旨およびその理由」

　個人情報取扱事業者は，提供先の第三者が所在する外国を特定できない場合で

あっても，個人データの越境移転に伴うリスクに関する本人の予測可能性の向上という趣旨を踏まえ，提供先の第三者が所在する外国を特定できない旨およびその理由を情報提供しなければならない。なお，情報提供に際しては，どのような場面で外国にある第三者に個人データの提供を行うかについて，具体的に説明することが望ましい。

(イ)　「提供先の第三者が所在する外国の名称に代わる本人に参考となるべき情報」

　提供先の第三者が所在する外国が特定できないとしても，提供先の第三者が所在する外国の名称に代わる本人に参考となるべき情報の提供が可能である場合には，当該情報についても本人に提供しなければならない。「提供先の第三者が所在する外国の名称に代わる本人に参考となるべき情報」の該当性は，本人への情報提供が求められる制度趣旨を踏まえつつ，個別に判断する必要があるが，たとえば，移転先の外国の範囲が具体的に定まっている場合における当該範囲に関する情報は，ここでいう「提供先の第三者が所在する外国の名称に代わる本人に参考となるべき情報」に該当する。

　同様に，個人情報取扱事業者は，改正個人情報保護法28条1項の規定により外国にある第三者への個人データの提供を認める旨の本人の同意を取得しようとする時点において，提供先の外国にある第三者が講ずる個人情報の保護のための措置に関する情報の提供ができない場合には，当該情報に代えて，「当該情報を提供できない旨及びその理由」について情報提供しなければならない（改正個人情報保護法施行規則17条4項，改正外国第三者提供ガイドライン5−3−2）。なお，情報提供に際しては，どのような場面で外国にある第三者に個人データの提供を行うかについて，具体的に説明することが望ましく，また，事後的に当該第三者が講ずる個人情報の保護のための措置についての情報提供が可能となった場合には，本人の求めに応じて情報提供を行うことが望ましいとされている。

⑧　法の域外適用のあり方および国際的制度調和への取組みと越境移転のあり方（継続的な適正取扱いを担保するための体制が整備されていることを根拠に外国にある第三者へ個人データを提供する場合の取扱い）

　令和 2 年改正法においては，外国にある第三者である移転先事業者において継続的な適正取扱いを担保するための体制が整備されていることを条件に，本人の同意を得ることなく個人データを移転する場合にあっては，次の(ｱ)および(ｲ)に記載する移転先事業者による相当措置の継続的な実施を確保するために必要な措置を講ずるとともに，本人の求めに応じて，遅滞なく，電磁的記録の提供による方法，書面の交付による方法その他の適切な方法により，当該必要な措置に関する一定の情報提供を行うこととされている（改正個人情報保護法28条 3 項，改正個人情報保護法施行規則18条，改正外国第三者提供ガイドライン 6 ）。

- 「相当措置の継続的な実施を確保するために必要な措置」
- (ｱ)　外国にある第三者による相当措置の実施状況ならびに当該相当措置の実施に影響を及ぼすおそれのある当該外国の制度の有無およびその内容を，適切かつ合理的な方法により，定期的に確認すること。
- (ｲ)　外国にある第三者による相当措置の実施に支障が生じたときは，必要かつ適切な措置を講ずるとともに，当該相当措置の継続的な実施の確保が困難となったときは，個人データ（または個人関連情報）の当該第三者への提供を停止すること。

---

(4)　2021（令和 3 ）年改正個人情報保護法

①　令和 3 年改正の経緯

　令和 2 年改正法の成立後，個人情報の保護に関する法律として併存する，個人情報保護法・行政機関個人情報保護法・独立行政法人等個人情報保護法の 3 本の法律を 1 本の法律に統合するとともに，地方公共団体の個人情報保護制度についても統合後の法律において全国的な共通ルールを規定し，全体の所管を

【図表 5 － 9 】 個人情報保護制度見直しの全体像

① 個人情報保護法、行政機関個人情報保護法、独立行政法人等個人情報保護法の**3本の法律を1本の法律に統合**するとともに、**地方公共団体の個人情報保護制度**についても統合後の法律において全国的な共通ルールを規定し、全体の所管を個人情報保護委員会に一元化。
② 医療分野・学術分野の規制を統一するため、**国公立の病院、大学等**には原則として**民間の病院、大学等**と同等の規律を適用。
③ 学術研究分野を含めたGDPRの十分性認定への対応を目指し、学術研究に係る適用除外規定について、一律の適用除外ではなく、**義務ごとの例外規定として精緻化**。
④ 個人情報の定義等を国・民間・地方で統一するとともに、行政機関等での**匿名加工情報の取扱いに関する規律を明確化**。

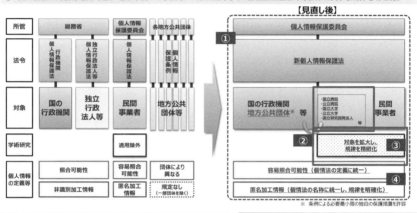

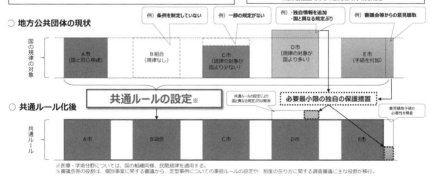

出所：個人情報保護委員会ウェブサイト
　　　https://www.ppc.go.jp/files/pdf/seibihou_gaiyou.pdf

個人情報保護委員会に一元化する等の措置を講じることで個人情報保護制度の官民一元化を図ることを目的として，2021（令和 3）年 2 月 9 日に「デジタル社会の形成を図るための関係法律の整備に関する法律案」が閣議決定され，2021（令和 3）年 5 月19日には「デジタル社会の形成を図るための関係法律の整備に関する法律」（以下「デジタル社会形成整備法」という）が公布された。このデジタル社会形成整備法により改正された個人情報保護法（以下「令和 3 年改正法」という）の施行日は，行政機関および独立行政法人等に関する規律の規定や学術研究機関等に対する適用除外規定の見直し等（デジタル社会形成整備法50条による改正）については，令和 2 年改正法と同じく，2022（令和 4）年 4月 1 日とされており，地方公共団体に関する規律の規定（デジタル社会形成整備法51条による改正）については，公布の日から起算して 2 年を超えない範囲内において政令で定める日とされている。以下，令和 3 年改正法（主としてデジタル社会形成整備法50条による改正）のうち，とりわけ，学術研究分野および医療分野に関わる事業者に影響があり得るものについて，その概要を紹介する。

②　学術研究機関等の責務

　個人情報保護法は，学術研究機関等が学術研究目的で個人情報を取り扱う場合を一律に適用除外としているが（個人情報保護法76条 1 項 3 号），令和 3 年改正法により，民間部門の学術研究機関にも，(i)安全管理措置（改正個人情報保護法23条）や(ii)本人からの開示等請求への対応（同法33条等）等に関する義務については，他の民間事業者と同様の規律が課されることとなった。具体的には，改正個人情報保護法においては，「個人情報取扱事業者である学術研究機関等は，学術研究目的で行う個人情報の取扱いについて，この法律の規定を遵守するとともに，その適正を確保するために必要な措置を自ら講じ，かつ，当該措置の内容を公表するよう努めなければならない。」（同法59条）として，個人情報の利用，取得および提供に係る規律であっても，利用目的の特定（同法17条），不適正な利用の禁止（同法19条），適正な取得（同法20条 1 項），利用目

的の通知（同法21条）およびデータ内容の正確性の確保（同法22条）については，他の個人情報取扱事業者と同様の規律が学術研究機関等にも適用されることとしている。また，個人データの安全管理措置に係る規律（同法23条〜26条），保有個人データの開示，訂正等および利用停止等の請求に係る規律（同法33条〜40条），仮名加工情報取扱事業者等の義務（同法第4章第3節），匿名加工情報取扱事業者等の義務（同法第4章第4節）および民間団体による個人情報の保護の推進に係る規定（同法第4章第5節）についても，他の個人情報取扱事業者と同様の規律が学術研究機関等にも適用されることになる。なお，令和3年改正法におけるこれらの「学術研究機関等」に関する規律は，学術研究機関等のみならず，これらと共同研究を行う民間事業者や行政機関等における個人情報の取扱いにも広く関係することから，一般の事業者においてもその内容を把握しておく必要性が高い点，留意する必要がある。

③　学術研究分野における個人情報保護の規律に係る適用除外の見直し

上記①であげた学術研究分野における個人情報保護の規律を前提に，令和3年改正法においては，学術研究目的で個人情報を取り扱う場合には，(i)利用目的による制限（改正個人情報保護法18条），(ii)要配慮個人情報の取得制限（同法20条2項），(iii)個人データの第三者提供の制限（同法27条）など，研究データの利用や流通を直接制約し得る義務について，学術研究目的で取り扱う必要がある場合であって，かつ，個人の権利利益を不当に侵害するおそれがある場合に当たらないときには，これらの義務が例外的に除外される。

④　学術研究分野および医療分野における規律の一本化

さらに，従来は異なる属性（民間事業者，独立行政法人等，地方独立行政法人等）の主体が行う個人情報の取扱いは，それぞれ個人情報保護法，独立行政法人等個人情報保護法，個人情報保護条例といった別個の規律の適用を受けていたところ，令和3年改正においては，学術研究分野および医療分野において，原則として，現行の個人情報保護法が定める民間事業者に対する規律に一本化

されることとなった。令和3年改正法においては，学術研究を行う独立行政法人等や地方公共団体の機関，地方独立行政法人についても，民間学術研究機関等と同様の規律が適用されることになるが，開示等や行政機関等匿名加工情報の提供等については，引き続き公的部門の規律が適用されるとしている。

(5)　海外個人情報保護法令

　海外各国・各地域においても，わが国の個人情報保護法制と同様に，個人情報の取扱いに関する規制がある。そのため，海外で個人情報を取得する場合や個人情報を海外に越境移転させる場合には，当該国，地域の制度に注意しなければならない。規制の例としては，EUの一般データ保護規則（GDPR: General Data Protection Regulation），米国の医療保険の携行性と責任に関する法律（HIPAA: Health Insurance Portability and Accountability Act），米国カリフォルニア州の消費者プライバシー法（CCPA: California Consumer Privacy Act）[6]，中国のサイバーセキュリティ法といったものがある。

【ヘルスケア事業に参入する際のポイント】

✓　極めてセンシティブな情報を取り扱うことから，他業界におけるものと同等かそれ以上に個人情報の取扱いに注意する必要がある。

✓　事業において要配慮個人情報の第三者提供を受けることも考えられるが，提供元の医療機関等において本人の同意（黙示の同意も可）を取得しているか確認するとともに，第三者提供を受けたことの記録の作成を忘れずに行う。

✓　要配慮個人情報に基づく分析等を行う場合，第三者提供をより容易に行うために，匿名加工情報に変換することも有用である。

✓　令和2年改正法および令和3年改正法による変更点（個人関連情報の新設，外国にある第三者へ個人データを提供する場合の取扱いの変更，行政機関および独立行政法人等に関する規律の一本化，学術研究機関等に対する適用除外規定の見直しなど）を理解し，適切に個人情報を取り扱う。

---

2 次世代医療基盤法

(1) 目的・概要

　医療分野の研究開発に資するための匿名加工医療情報に関する法律（以下「次世代医療基盤法」という）は，「医療分野の研究開発に資するための匿名加工医療情報に関し，国の責務，基本方針の策定，匿名加工医療情報作成事業を行う者の認定，医療情報等及び匿名加工医療情報の取扱いに関する規制等について定めることにより，健康・医療に関する先端的研究開発及び新産業創出……を促進し，もって健康長寿社会……の形成に資すること」を目的として2018（平成30）年5月に施行されたものである（同法1条）。ここでいう「医療情報」（同法2条1項）とは，特定の個人の病歴その他の当該個人の心身の状態などに関する情報をいうが，次世代医療基盤法では，この医療情報に一定の措置を講じて特定の個人を識別することができないように加工して得られる個人に関する情報であって，当該医療情報を復元することができないようにしたものである「匿名加工医療情報」（同法2条3項）を含む情報の集合体である匿名加工医療情報データベース等，いわゆる医療ビッグデータの利活用の仕組みを整備している。具体的に念頭に置かれている医療ビッグデータとしては，レセプト（診療報酬明細書）などのインプット（診療行為の実施に関する情報）のみでなく，医療分野の研究開発に資するよう，カルテ（診療録）などに記載されたアウトカム（診療行為を実施した結果に関する情報）を含む医療情報の利活用も想定されている[7]。

6　2020（令和2）年1月から施行されている。
7　内閣府ホームページ「「次世代医療基盤法」とは」
　https://www8.cao.go.jp/iryou/gaiyou/pdf/seidonogaiyou.pdf

【図表5－10】 次世代医療基盤法の全体像

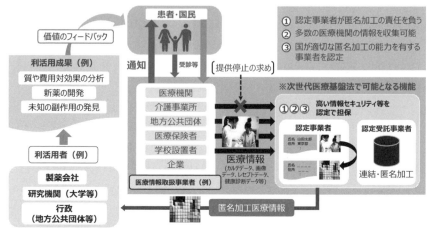

出所：内閣府ホームページ「「次世代医療基盤法」とは」
　　　 https://www8.cao.go.jp/iryou/gaiyou/pdf/seidonogaiyou.pdf

(2)　匿名加工医療情報の作成

　主務大臣により一定の要件を満たすものとして認定を受けた匿名加工医療情報作成事業者（以下「認定事業者」という）は，他の認定事業者から，匿名加工医療情報の作成に必要な限度において，医療情報の提供を受けることができる（同法25条1項）。また，認定事業者は，医療機関等の医療情報取扱事業者から，（本人またはその遺族からの求めがあるときは，当該本人が識別される医療情報の認定事業者への提供を停止することとする場合であって，認定事業者に医療情報を提供することなどをあらかじめ本人に通知しているなど所定の手続を経た）医療情報の提供を受けることもできる（同法30条1項）。

　認定事業者は，このようにして他の認定事業者や医療情報取扱事業者から匿名加工医療情報を作成する基礎となる医療情報を収集することができる。ただし，認定事業者は，一定の例外を除き，認定事業の目的の達成に必要な範囲を超えて当該医療情報を取り扱ってはならず（同法17条），匿名加工医療情報の作成においては，特定の個人の識別やその作成に用いる医療情報の復元ができ

ないように法令に従い当該医療情報を加工しなければならず（同法18条1項），また，自ら当該匿名加工医療情報を取り扱うにあたっては，当該匿名加工医療情報の作成に用いられた医療情報に係る本人を識別するために当該匿名加工医療情報を他の情報と照合してはならない（同法18条2項）といった規制が課されており，それにより認定事業者における医療情報の適正な利用が担保されている。

(3) 匿名加工医療情報の提供

　認定事業者の作成した匿名加工医療情報は，大学等の研究機関，ヘルスケア事業を行う企業，行政機関などに提供され，その中で研究開発に関するさまざまな用途で利用されることが予定されている。

　匿名加工医療情報の提供を受けるにあたっては，匿名加工医療情報の利活用を希望する者（次世代医療基盤法において，匿名加工医療情報データベース等を事業の用に供している者を「匿名加工医療情報取扱事業者」と定義しているので，以下便宜上「匿名加工医療情報取扱事業者」という）は，まず認定事業者に対して事前相談を行うものとされている（認定事業者は，匿名加工医療情報取扱事業者等からの相談に応じるための体制を整備することが求められている（同法施行規則5条8号））。そして，認定事業者は，この相談を踏まえて，匿名加工医療情報の提供の是非を自ら整備する審査委員会において審査する（認定事業者は，政府が定める基本方針に照らし，匿名加工医療情報が医療分野の研究開発に資するために適切に取り扱われることについて適切に審査するための体制を整備していることが求められている（同法施行規則5条7号））。

　この審査を経て，匿名加工医療情報が提供されることとなった場合，認定事業者と匿名加工医療情報の提供を受ける匿名加工医療情報取扱事業者とは，匿名加工医療情報の授受に関する契約を締結する。当該契約においては，匿名加工医療情報取扱事業者による当該匿名加工医療情報の利用の態様およびこれに係る安全管理のための措置が匿名加工の程度に応じて適正であることを確保することが求められている（同法20条，同法施行規則6条5号ニ）。このようにし

て匿名加工医療情報の提供を受けた匿名加工医療情報取扱事業者は，適切な安全管理措置が確保される範囲内で匿名加工医療情報を取り扱うことが求められる。

　また，匿名加工医療情報取扱事業者は，提供を受けた匿名加工医療情報の作成に用いられた医療情報に係る本人を識別するために，当該医療情報から削除された記述等もしくは個人識別符号もしくは加工の方法に関する情報を取得し，または当該匿名加工医療情報を他の情報と照合してはならないとされていることに注意しなければならない（同法18条3項）。

　なお，認定事業者の認定には厳格な要件が課されていることもあり，出足は遅れ気味であったが，2019（令和元）年12月に一般社団法人ライフデータイニシアティブが認定事業者の第一号として（また，株式会社エヌ・ティ・ティ・データが次世代医療基盤法28条に基づく認定医療情報等取扱受託事業者の第一号として）認定され，続いて2020（令和2）年6月に一般財団法人日本医師会医療情報管理機構が認定事業者として（また，ICI株式会社および日鉄ソリューションズ株式会社が認定医療情報等取扱受託事業者として）認定されている。

【ヘルスケア事業に参入する際のポイント】
- ✓　医療ビッグデータの利活用を計画している場合，次世代医療基盤法に基づき匿名加工医療情報の提供を受けることが考えられる。
- ✓　匿名加工医療情報の提供を受ける場合，認定事業者が整備する審査委員会の審査を受け，匿名加工医療情報の授受に関する契約を締結することが必要であり，相応の時間を要すると考えられることも念頭に置いておく。

3 人を対象とする生命科学・医学系研究に関する倫理指針

(1) 目的・概要

　「第2章　医療機器規制」において，医療機器の研究開発に関してGLP，GCPや臨床研究法といった法規制があることを紹介したが，これらの法規制の適用対象に含まれない研究もある。そのような法規制の及ばない研究であっても，人を対象とする医学系研究では，研究対象者の身体および精神または社会に対して大きな影響を与える場合があり，倫理的，法的または社会的問題を招く可能性がある。このことから，文部科学省や厚生労働省において，研究者が人間の尊厳および人権を守るとともに，適正かつ円滑に研究を行うことができるよう，憲法，わが国の個人情報保護に関する諸法令および世界医師会によるヘルシンキ宣言等に示された倫理規範も踏まえて，「疫学研究に関する倫理指針」および「臨床研究に関する倫理指針」が定められていた。そして，2014（平成26）年12月には，これらの指針が統合され，文部科学省および厚生労働省により「人を対象とする医学系研究に関する倫理指針」（以下「旧倫理指針」という）が制定された。旧倫理指針については，必要に応じ，または施行後5年を目途としてその全般について見直しを実施するものとされていたこと等を踏まえ，2013（平成25）年2月に全部改正された「ヒトゲノム・遺伝子解析研究に関する倫理指針」（以下「ゲノム指針」という）とあわせて，2018（平成30）年8月から，文部科学省，厚生労働省および経済産業省により両指針間の項目の整合性等の議論が開始された。その結果，2021（令和3）年3月23日に両指針を統合させた新たな指針として「人を対象とする生命科学・医学系研究に関する倫理指針」（以下「倫理指針」という）が告示され，同年6月30日に施行されたが，改正個人情報保護法対応を目的にその後さらなる見直しがされ，これにより一部改正を受けた倫理指針が2022（令和4）年3月10日付

けで告示され，同年4月1日に施行されている（以下では便宜上当該改正後の内容も含め「倫理指針」という）。なお，倫理指針の施行に伴い，旧倫理指針およびゲノム指針は廃止されている。

　倫理指針は，研究者が人間の尊厳および人権を守るとともに，研究の適正な推進を図るとする上記の趣旨を踏まえて，研究者等の責務等（第2章），研究の適正な実施等（第3章），インフォームド・コンセント等（第4章），研究により得られた結果等の取扱い（第5章），研究の信頼性確保（第6章），重篤な有害事象への対応（第7章），倫理審査委員会（第8章），個人情報等，試料および死者の試料・情報に係る基本的責務（第9章）等に関して，研究者等，研究機関の長，倫理審査委員会その他の関係者の遵守事項について定めたものであり，人を対象とする生命科学・医学系研究を実施する上で，これに携わるすべての関係者に対し，統一のルールとして適用されるものである。倫理指針では，以下の8つの基本方針が定められている（第1章第1）。

(ア)　社会的および学術的な意義を有する研究の実施

(イ)　研究分野の特性に応じた科学的合理性の確保

(ウ)　研究により得られる利益および研究対象者への負担その他の不利益の比較考量

(エ)　独立かつ公正な立場にある倫理審査委員会による審査

(オ)　研究対象者への事前の十分な説明および自由な意思に基づく同意

(カ)　社会的に弱い立場にある者への特別な配慮

(キ)　研究に利用する個人情報等の適切な管理

(ク)　研究の質および透明性の確保

　この倫理指針は，わが国の研究者等により実施され，または日本国内において実施される「人を対象とする生命科学・医学系研究」（以下③において，単に「研究」ともいう）全般を適用対象とする。ここでいう「人を対象とする生命科学・医学系研究」とは，次の(ア)または(イ)の活動をいうと定義されている

（倫理指針第1章第2(1)）。

「人を対象とする生命科学・医学系研究」の定義

㋐ (i)傷病の成因（健康に関するさまざまな事象の頻度および分布ならびにそれ
らに影響を与える要因を含む）の理解，(ii)病態の理解，(iii)傷病の予防方法の改
善もしくは有効性の検証，または(iv)医療における診断方法および治療方法の改
善もしくは有効性の検証を通じて，国民の健康の保持増進または患者の傷病か
らの回復もしくは生活の質の向上に資する知識を得ることを目的として実施さ
れる活動

㋑ 人由来の試料・情報を用いて，ヒトゲノムおよび遺伝子の構造または機能な
らびに遺伝子の変異または発現に関する知識を得ることを目的として実施され
る活動

ただし，他の指針（遺伝子治療等臨床研究に関する指針，ヒト受精胚の作成
を行う生殖補助医療研究に関する倫理指針など）の適用範囲に含まれる研究は，
当該指針に規定されていない事項についてのみこの倫理指針の規定により行う
ものとされている。また，**【図表5－11】**に該当するものについては，倫理指
針を適用しないものとされている（倫理指針第1章第3）[8]。

このように，研究を実施する際には，例外に当たる場合を除き倫理指針のす
べての事項を遵守する必要があるが，本書では，倫理指針における旧倫理指針
からの主な変更点に加え，ヘルスケア事業を行う企業が大学等の研究機関と協
働する場合においてとりわけ注意すべき個人情報等，試料および死者の試料・
情報に係る基本的責務（倫理指針第9章）について簡単に触れておく。

---

8 文部科学省＝厚生労働省＝経済産業省「人を対象とする生命科学・医学系研究に関する倫理指針
ガイダンス」（令和3年4月16日）。

【図表5−11】倫理指針の適用がない研究一覧

倫理指針の適用がない研究	例
法令の規定により実施される研究	がん登録等の推進に関する法律に基づく全国がん登録データベースおよび都道府県がんデータベースへの登録等，感染症の予防及び感染症の患者に対する医療に関する法律に基づく感染症発生動向調査，健康増進法に基づく国民健康・栄養調査，次世代医療基盤法に基づく医療情報の取得や匿名加工医療情報の作成・提供など
法令の定める基準の適用範囲に含まれる研究	GCPが適用される臨床研究，「医療機器の製造販売後の調査及び試験の実施の基準に関する省令」が適用される製造販売後調査など
すでに学術的な価値が定まり，研究用として広く利用され，かつ，一般に入手可能な試料・情報のみを用いる研究	米国の疾病対策センター（CDC）が研究用としてウェブ上にダウンロード可能な形で公開している情報，査読された学術論文に掲載されている情報，当該論文の著者等が公開している原資料で研究用として広く利用可能となっている情報，ヒト由来細胞から樹立したiPS細胞のうち研究材料として提供されているものなどを用いた研究など
個人に関する情報に該当しない既存の情報のみを用いる研究	
すでに作成されている匿名加工情報のみを用いる研究	

(2)　倫理指針における旧倫理指針からの主な変更点

①　研究者等の責務（倫理指針第2章）

　倫理指針においては，「研究者等」（倫理指針第1章第2(17)）は，研究対象者等への配慮として，地域住民等を対象とする研究実施の場合の研究内容および意義について説明および理解を得るように努めなければならないこととされた。

②　研究計画書に関する手続（倫理指針第3章）

　倫理指針においては，研究計画の倫理審査委員会への付議やその他の研究実施に係る手続が，「研究機関の長」から「研究責任者」が主体となって行われるように変更されている（倫理指針第3章第6）。「研究責任者」および「研究機関の長」の責務と必要な手続は，【図表5－12】のとおりである。

【図表5－12】研究責任者および研究機関の長の責務等

研究責任者（※）	研究機関の長
研究計画書の作成（第6の1） 審査申請（第6の2）	研究実施における監督責任（第5の1）
重篤な有害事業発生時の大臣報告（第15の2⑸）	研究実施の許可（第6の3） 指針不適合の大臣報告（第11の3）
※多機関共同研究の場合，研究責任者を研究代表者（第2⒆）と読み替える。	

　また倫理指針は，多機関共同研究（倫理指針第1章第2⒃）を実施する際には，倫理指針に係る手続の効率化を図るため，一括審査を原則としている（倫理指針第3章第6の2）。

③　インフォームド・コンセント等（倫理指針第4章）

　インフォームド・コンセントとは，研究の実施または継続（試料・情報の取扱いを含む）に関する研究対象者等の同意であって，当該研究の目的および意義ならびに方法，研究対象者に生じる負担，予測される結果（リスクおよび利益を含む）等について研究者等または既存試料・情報の提供のみを行う者から十分な説明を受け，それらを理解した上で自由意思に基づいてなされるものをいう（倫理指針第1章第2⒇）。

　倫理指針においては，インフォームド・コンセントを受ける際，電磁的方法を用いることが可能であること，およびその際の留意点が明記された。電磁的方法による場合の例としては，医療機関内で個人または集団に対し動画を用い

て説明した上で，タブレット等のデジタルデバイスを用いて電子サインにより同意を取得する場合や，研究機関から個人または集団に対し説明サイトのリンクを送信し，ネットワークを介して説明した上で，同意ボタンにより同意を取得する場合などがあげられる（倫理指針第 4 章第 8 の 2）。

　また，旧倫理指針では，インフォームド・コンセントを受ける手続等に関する規定の中に，その他の手続に関する規定（他の研究機関に試料・情報の提供を行う場合または他の研究機関から試料・情報の提供を受ける場合に必要な記録の作成の手続等の規定）が混在していたことから，倫理指針においては，これらの項目が区別されて規定されることとなった。なお，改正個人情報保護法を踏まえて，2022（令和 4）年 4 月 1 日施行の改正版においては，インフォームド・コンセント等の手続の見直しも行われている。

④　研究により得られた結果等の取扱い（倫理指針第 5 章）

　倫理指針においては，これまでゲノム指針において規定されていた「遺伝情報の開示（ゲノム指針第 3 の 8）」および「遺伝カウンセリング（ゲノム指針第 3 の 9）」における規律内容が，遺伝情報を取り扱う研究に限らず，医学系研究の実施においても留意されるべきことを前提に，研究者等は，研究により得られる結果等の特性を踏まえ，研究対象者への説明方針を定めること，インフォームド・コンセントを受ける際はその方針を説明し，理解を得なければならないこと等が規定された。

⑤　倫理審査委員会（倫理指針第 8 章）

　倫理指針においては，研究計画書の軽微な変更のうち，倫理審査委員会が認めたものは，（審査事項ではなく）報告事項として取り扱うことができる旨が新設された。

⑥ 個人情報等，試料及び死者の試料・情報に係る基本的責務（倫理指針第 9 章）

倫理指針においては，研究者等および研究機関の長は，個人情報の不適正な取得および利用の禁止，正確性の確保等，安全管理措置，漏えい等の報告，開示等請求への対応などを含め，個人情報等の取扱いに関して，倫理指針の規定の他，個人情報保護法に規定する個人情報取扱事業者や行政機関等に適用される規律，条例等を遵守しなければならないとしている（同指針第 9 章第18の 1 ）。なお，2022（令和 4 ）年 4 月 1 日の改正前においては，倫理指針は，個人情報保護に関する法令ごとの規制の程度のギャップを埋めるためのガイドラインとして，個人情報保護法・行政機関個人情報保護法・独立行政法人等個人情報保護法等と同様の規定を置いていたが，改正個人情報保護法により，個人情報保護法・行政機関個人情報保護法・独立行政法人等個人情報保護法の 3 本の法律が 1 本の法律に統合されるなどの変更が生じたことから，この改正法への対応を目的に，倫理指針も上記の内容に見直された。

また，人を対象とする生命科学・医学系研究では，生存する個人だけでなく死者を研究対象者とすることもあることなどから，上記の法令等の遵守に加えて，研究者等および研究機関の長は，死者の尊厳および遺族等の感情に鑑み，死者について特定の個人を識別することができる試料・情報に関しても，生存する個人に関する情報と同様に，この指針の規定の他，個人情報保護法，条例等の規定に準じて適切に取り扱い，必要かつ適切な措置を講ずるよう努めなければならないとしている（同指針第 9 章第18の 3 ）。

【ヘルスケア事業に参入する際のポイント】

✓　各種法規制の適用対象に含まれない研究を規律するために倫理指針が策定されており，法規制が及ばない研究であっても，インフォームド・コンセント等のルールが存在することに注意する。

✓　改正個人情報保護法の施行以前は，倫理指針により，個人情報保護に関する制度間のギャップが埋められていたが，改正個人情報保護法の施行に伴い，個人情報保護法等を遵守しなければならないという内容に改められた。ただし，倫理指針では，個人情報保護法における個人情報には含まれない死者の情報に関しても，個人情報保護法等の規定に準じて適切に取り扱い，必要かつ適切な措置を講ずるよう努めなければならないとしていることに注意する。

4 ｜ 個人遺伝情報を用いた事業分野に適用されるガイドライン等

(1)　遺伝子・ゲノム解析ビジネス

　個人のゲノム解析技術やその結果を解釈するための情報通信技術が飛躍的に向上しており，患者１人ひとりの特性に即した，従来よりも効果が高く，副作用の少ない治療を提供することが可能となりつつある。

　特定の疾患の将来の発症リスクを健康な段階で予測することにより，個々の状況に配慮した，より効果的・効率的な対応が可能となる一方で，現段階では確定的な診断が下せないものの，疾患発症の可能性が一定程度あることが判明するケースが出現することも考えられる。

　近年では，遺伝子検査は医療の枠を超えて提供されるようになり，事業者が医療機関を介さず消費者に直接提供する消費者向け（DTC：Direct to Consumer）遺伝子検査ビジネスの市場は拡大傾向にある。DTC遺伝子検査ビジネ

スでは，消費者の行動改善を促すような疾患罹患リスクや体質（太りやすさ等）に関する情報を提供するのみでなく，その外延として，ダイエットプログラムの提供や化粧品・サプリメント等の販売といった二次サービスとセットで行われることも多いとされている[9]。

(2) 遺伝子検査ビジネス事業者の遵守事項

近年の遺伝子検査ビジネスの拡大を受けて，経済産業省は，「遺伝子検査ビジネス実施事業者の遵守事項」を公表している。この「遺伝子検査ビジネス実施事業者の遵守事項」では，倫理的・法的・社会的課題への対応，精度管理等の技術的課題への対応の2点がまとめられている。

倫理的・法的・社会的課題への対応の主な留意点は以下のとおりである。

- **インフォームド・コンセント**
  - ➤ DNA鑑定分野においては，試料採取対象者から対面で同意を得なければならない。
  - ➤ 最初のインフォームド・コンセントでカバーできない検査を行いたい場合には，その内容を特定したインフォームド・コンセントを消費者から得なければならない。
  - ➤ インフォームド・コンセントの文書に盛り込む内容
    - (i) 検査の目的ならびに検査の限界
    - (ii) 検査方法ならびにその分析方法，分析精度等
    - (iii) 検査により予測される結果や不利益について（雇用や保険面での差別等社会生活上の不利益も含む。また，本人のみならず血縁者への影響も考慮する）
    - (iv) 検査の臨床的妥当性や臨床的有用性を示す科学的根拠

---

9 経済産業省「DTC遺伝子検査ビジネスに係る検討の背景について」第1回 消費者向け（DTC）遺伝子検査ビジネスのあり方に関する研究会資料6
https://www.meti.go.jp/shingikai/mono_info_service/dtc/pdf/001_06_00.pdf

　　(v)　遺伝子解析結果の開示方法および結果の解釈とその情報的価値

　　(vi)　試料の取扱い方針（保存期間，検査終了後の措置，倒産等の会社の経営状態が変わった場合の対応方針等を含む）

　　(vii)　個人情報と個人遺伝情報の取扱い方針（匿名化，安全管理措置の具体的方法，保存期間，検査終了後の措置，倒産等の会社の経営状態が変わった場合の対応方針等を含む）および個人遺伝情報の開示に関する事項（受付先，受付方法，開示にあたって手数料が発生する場合はその旨を含む）

　　(viii)　解析等を他の事業者に委託する場合または共同利用する場合は，委託先・共同利用先の名称，委託・共同利用に際して個人遺伝情報の匿名化，安全管理措置の具体的方法

　　(ix)　個人遺伝情報取扱審査委員会により，公正かつ中立的に事業実施の適否が審査されていること

　　(x)　遺伝カウンセラーや医師等の専門家によるカウンセリングの利用に係る情報

　　(xi)　問い合わせ（個人情報の訂正，同意の撤回等），相談窓口の連絡先に関する情報

　　(xii)　同意の撤回

　　(xiii)　事業者の名称，住所，電話番号，代表者の氏名および役職

- **個人遺伝情報利用目的の厳密な特定**
- **カウンセリングの実施**
  - ➤ 事業者が提供するサービス，検査および検査結果の解釈，提供された商品に係る専門的知識，遺伝情報の取扱いに関して，消費者から説明を求められたり，相談を受けた場合には，遺伝カウンセラー・医師・栄養士・弁護士等各分野の専門家の協力により，サービス提供の前後に限定することなく，総合的に対応できる体制を整備しなければならない。
- **個人遺伝情報取扱審査委員会による審査**
  - ➤ 事業者は，事業が適正であることを担保するために，独自の個人遺伝情報

取扱審査委員会を設置するか，またはJBA個人遺伝情報取扱審査委員会
等第三者による認証を受けるよう努力しなければならない。

- **2次的サービスの提供における留意点**
  - ➤ 遺伝子検査の結果をもとにした2次的サービスを提供する際には，その
    サービスの妥当性を示す科学的根拠や，サービスの代替法等に関する情報
    を，消費者が容易に入手できるよう努力しなければならない。
- **郵送による試料の送付における留意点**
  - ➤ 郵送による試料の送付においては，セキュリティ上の問題に加え，輸送中
    のトラブルや試料の劣化等が起こる可能性を消費者に通知し，その同意を
    得なければならない。

　他方で，精度管理等の技術的課題への対応については，検査の精度を管理す
るための策として，各検査工程の標準作業手順書（作業マニュアル）の整備，
機器の保守点検作業所等の整備，品質保証の仕組みの確保等が示されている。

⑶　個人遺伝情報を用いた事業分野における個人情報保護ガイドライン

　経済産業省は，個人遺伝情報取扱事業者を対象とした「経済産業分野のうち
個人遺伝情報を用いた事業分野における個人情報保護ガイドライン」を策定し
ている。同ガイドラインは，個人遺伝情報の適正な取得の実施に関して，イン
フォームド・コンセントの実施を求めている点に特徴がある。具体的には，事
前に本人に十分な説明をし，本人の文書または電磁的方法による同意を受けて，
個人遺伝情報を用いた事業を実施すること，DNA鑑定など鑑定結果が法的な
影響をもたらす場合においては，その影響についても適切かつ十分な説明を
行った上で，文書または電磁的方法により対面で同意を取得する必要があるこ
とが定められている。

　説明文書に盛り込むこととされている主な事項は以下のとおりである。

(ア)　事業の意義（特に，体質検査を行う場合には，その意義が客観的なデータにより明確に示されていること）

(イ)　目的

(ウ)　方法（対象とする遺伝的要素，分析方法，精度等。将来の追加，変更が予想される場合はその旨）

(エ)　事業の期間

(オ)　事業終了後の試料の取扱い

(カ)　予測される結果や不利益（社会的な差別その他の社会生活上の不利益も含む）

(キ)　同意撤回の方法，撤回の要件，撤回への対応（廃棄の方法等も含む），費用負担等

(ク)　事業者情報

(ケ)　試料等の取得から廃棄に至る各段階での情報の取扱い

(コ)　個人遺伝情報の匿名化

(サ)　安全管理措置

【ヘルスケア事業に参入する際のポイント】

✓　遺伝子検査ビジネスに参入する場合，経済産業省の「遺伝子検査ビジネス実施事業者の遵守事項」に記載された留意点を遵守するとともに，「経済産業分野のうち個人遺伝情報を用いた事業分野における個人情報保護ガイドライン」に則ったインフォームド・コンセントを実施することが求められていることに注意する。

5 医療情報安全管理関連ガイドライン

　病院や診療所等で取り扱う医療・介護情報は重要かつセンシティブな情報であるため，厚生労働省は2005（平成17）年3月に「医療情報システムの安全管理に関するガイドライン」（以下「本厚労省ガイドライン」という）を公表しており，その後も改定を重ねて，2017（平成29）年5月には第5版が策定された。さらに，近年のサイバー攻撃の手法の多様化・巧妙化，情報セキュリティに関するガイドラインの整備，地域医療連携や医療介護連携等の推進，クラウドサービス等の普及等を背景に，医療機関等を対象とするセキュリティリスクへの対応策として，情報セキュリティの観点から医療機関等が遵守すべき事項等の規定を設けるなど第5版に対し所要の改定を行い，2021（令和3）年1月には，第5.1版が策定され，またさらに2022（令和4）年3月に第5.2版が策定された。本厚労省ガイドラインは，病院や診療所（一般，歯科），薬局，助産所，訪問看護ステーション，介護事業者，医療情報連携ネットワーク運営事業者などを対象としたものであり，これら組織で扱う医療・介護情報システムを運営するための組織体制や設置基準，外部委託時に外部事業者と定める内容などを提示している。たとえば，電子的な医療情報を扱う際の責任のあり方や情報システムの基本的な安全管理，診療録と診療諸記録を外部に保存する際の基準，運用管理などについて定められている。なお，本厚労省ガイドライン第5.1版における主な改正内容は次のとおりである。

| クラウドサービスへの対応 | ✓ 医療情報システムにおけるクラウドサービスの利用状況に鑑みて，医療機関等がクラウドサービスを用いる際のクラウドサービス事業者との責任分界に関する考え方が盛り込まれた。
✓ 外部保存事業者の選定基準について，クラウドサービ |

	ス事業者に関する内容が含められた。
パスワードに関する対応	✓ 医療情報システムに用いる認証方式について，二要素認証の導入を促進するため，令和 9 年度時点で稼働していることが想定される医療情報システムを，今後，新規導入または更新するに際しては，二要素認証を採用するシステムの導入，またはこれに相当する対応を行うこととした。 ✓ 最近のIDとパスワードの認証による場合，近時の研究成果などを踏まえて，安全と考えられるパスワードに関するルールが定められた。
サイバー攻撃等による事故に関する対応	✓ 非常時やサイバー攻撃を受けた場合のセキュリティ体制の構築等の必要性が示された。特に，一定規模以上や地域で重要な機能を果たしている医療機関等においては，情報セキュリティ責任者（CISO）等の設置や，緊急対応体制（CSIRT等）を整備するなどが強く求められることが示された。 ✓ コンピュータウイルスの感染などによるサイバー攻撃を受けた（疑い含む）場合や，サイバー攻撃により障害が発生し，個人情報の漏えいや医療提供体制に支障が生じるまたはそのおそれがある事案であると判断された場合には，所管官庁への連絡等の必要な対応を行う他，そのための体制を整備することとされた。
外部保存委託先事業者の選定基準対応	✓ 外部保存を受託する事業者の選定基準について，サービス提供主体が行政機関等や民間事業者等の違いにより異なる基準を設けていた点について，一本化された。 ✓ 外部保存を受託する事業者の選定基準として，保存さ

| | れた情報を格納する機器等が，国内法の適用を受けることを確認することを求めることとした。 |
| | ✓　外部保存を受託する事業者選定に際して，確認すべき事項が定められた。 |

　本厚労省ガイドライン第5.2版においては，第5.1版の公表以降，医療等分野および医療情報システムに対するサイバー攻撃，特にランサムウェアに代表される攻撃への対策が，喫緊の課題となっている状況に鑑み，本厚労省ガイドラインについての理解をより促すべく，本厚労省ガイドライン上の記述を，安全対策として実施すべき内容に直接関係する部分と，安全対策を行う上での背景となる考え方や例示などの部分を分け，本編と別冊とに分冊化が行われた。特にランサムウェア対策との関係では，ランサムウェアによる攻撃への対応としてのバックアップのあり方等の対策が示されている。その他，医療機関等が利用する医療情報システムにおいて外部サービスとの連携が進行していることから，アプリケーション間の安全性を確保する観点で，外部アプリケーションとの連携における利用者の認証・認可に関する記述が示された。さらに，電子署名については，リモート署名や立会人型署名など新たな利用形態が普及しつつあることを踏まえて，電子署名に関する記載が整理されている。また，文書の作成者に資格が必要な場合に求められる署名の要件等についても明示されている。さらに，電子署名が求められる文書の長期保存に必要なタイムスタンプについて，総務大臣の認定制度が創設されたことに伴う修正が行われ，加えて，電子署名に用いる暗号アルゴリズムの参照規格について，実務の状況を勘案して，JIS から ISO に参照規格を変更する旨が明示された。

　また，2010（平成22）年には，本厚労省ガイドラインに対して，ASP（Application Service Provider）・SaaS（Software as a Service）事業者の観点から追加・補強した「ASP・SaaS事業者が医療情報を取り扱う際の安全管理に関するガイドライン」が，総務省から発表されている。当該ガイドラインは，医療情報の処理をASP・SaaSで提供する事業者や団体などを対象とするもので

あり（ただし，医療情報の外部保存のみをサービスとして提供する者は含まない），ASP・SaaS事業者が医療情報の処理を行う際の責任や安全管理に関する要求事項，医療機関の管理者との責任分界の考え方や安全管理の実施における医療機関との合意形成のあり方などが示されている。

なお，総務省は，2008（平成20）年に「ASP・SaaS における情報セキュリティ対策ガイドライン」を発表している。これは，医療分野に限らず，ASP・SaaS 事業者がASP・SaaS サービスを提供する際に実施すべき情報セキュリティ対策の指針を示すものであり，組織・運用および物理的・技術的対策が定められている。

一方，経済産業省は，2008（平成20）年に，厚生労働省の「医療情報システムの安全管理に関するガイドライン」（本厚労省ガイドライン）に対して情報処理事業者の観点から追加・補強した，「医療情報を受託管理する情報処理事業者における安全管理ガイドライン」を発表している。これは，医療情報を受託管理する情報処理事業者を対象に，安全管理上の要求事項を定めたものであり，医療情報処理施設や装置の物理的安全対策，装置やソフトウェア，ネットワークの技術的安全対策，人的安全対策などが述べられている。具体的には，電子的な医療情報を扱う際の責任のあり方や情報システムの基本的な安全管理，診療録と診療諸記録を外部に保存する際の基準，運用管理などについて定められている。

これらの厚生労働省，経済産業省，総務省の３省が公表している４つのガイドラインは，総称して３省４ガイドラインと呼ばれていた。しかしながら，特に事業者向けのガイドラインは３つあり，それぞれ策定・改定時期や対策の記述観点も異なるため，医療機関に対して総合的なサービス（情報処理やASP・SaaSを含む）を提供する場合は，本厚労省ガイドラインを含むすべてのガイドラインを確認し対策を行う必要があり，大きな負担であることが問題視されていた。これを受けて，ガイドラインの求める要件を整理し，利用者視点で統合することにより，クラウドサービス事業者等が遵守すべきガイドライン要求事項を理解しやすくするようにガイドラインの整備が進められている。2018

（平成30）年7月には，医療分野の総務省ガイドラインが1つに統合された「クラウドサービス事業者が医療情報を取り扱う際の安全管理に関するガイドライン」が公表され，結果，3省3ガイドラインにまとめられた。さらに，2020（令和2）年8月21日には，クラウドサービスの普及に伴い，経済産業省「医療情報を受託管理する情報処理事業者における安全管理ガイドライン」および総務省「クラウドサービス事業者が医療情報を取り扱う際の安全管理に関するガイドライン」が1つに統合および改定され，「医療情報を取り扱う情報システム・サービスの提供事業者における安全管理ガイドライン」が制定された。その結果，現在では，当該「医療情報を取り扱う情報システム・サービスの提供事業者における安全管理ガイドライン」および本厚労省ガイドラインによる3省2ガイドラインの体制が採用されている。

> 【ヘルスケア事業に参入する際のポイント】
> ✓ 医療情報の安全管理については，厚生労働省，経済産業省，総務省の3省が定めるガイドラインが複数存在していたが，現在では3省2ガイドラインの体制にまで整理されており，常に最新のガイドラインをチェックするよう心がける。

第6章

データの権利関係・保護・利活用

1 データの権利関係

　データは無体物であるため，所有権や占有権，用益物権，担保物権の対象にならない。したがって，自己のデータについて，所有や占有などといった主張をすることはできない。

　次に，データを保護する知的財産権としては，著作権，特許権または営業秘密が考えられる。まず，データが，製造業における生産方法に関するノウハウやセンサメーカーのデータクレンジングのノウハウ，サービス開発業者におけるデータをサービスに活用するノウハウ等データ創出やデータの流通・利活用に携わる者のノウハウが化体されたものであり，かつ，(ア)秘密管理性，(イ)有用性，(ウ)非公知性の要件を満たす場合には，不正競争防止法上の営業秘密として，法的保護の対象になり得る（不正競争防止法2条6項）。しかしながら，取引によって一定の流通を予定されているデータについては，営業秘密として必ずしも保護されるわけではなく，現実的にこれらの3要件を満たしていると判断される場合は多くない。また特許権についても，その保護の対象となる発明は，自然法則を利用した技術的思想の創作のうち高度のものとされており（特許法2条1項），データが特許権の保護の対象となる場合は限定的であると考えられる。著作権については，その対象となる著作物は，思想または感情を創作的に表現したものとされており（著作権法2条1項1号），機器により機械的に創出されるデータや，アプリ等を経由してユーザから取得したデータの単なる集合に創作性を認めるのは困難な場合が多いと思われるが，データのうち，データベースであってその情報の選択または体系的な構成によって創作性を有するものは，データベースの著作物になるとされている（同法12条の2第1項）。もっとも，データベースの著作物について，データに対して加工・分析といった処理を施してデータベース化した場合でも，そのデータベースに創作性があるものとして，データベースの著作物に該当すると認められる場合は必ずしも多くはないと考えられる。データの保護に関する主な知的財産権の概要につい

て整理すると，【図表6－1】のとおりである。

【図表6－1】データ保護に関する主な知的財産権の概要

	権利の性格	データが保護されるための条件
著作権	思想または感情を創作的に表現したものであって，文芸，学術または音楽の範囲に属するものであることが求められる。	データに創作性が認められること
特許権	自然法則を利用した技術的思想の創作のうち高度のもので，産業上利用できるものについて，特許権の設定登録がされることで発生する。新規性および進歩性が認められないものについては特許査定を受けることができない。	データ自体が自然法則を利用した技術的思想の創作のうち高度のものであると認められること
営業秘密	①秘密管理性，②有用性，③非公知性の要件を満たす場合に「営業秘密」として，不正の手段による取得に対し，差止請求および損害賠償請求または刑事罰が認められる。	左記①〜③の要件を満たすこと

　このように，データは所有権や占有権の対象ともならず，知的財産権で保護される場合も限定的であるため，契約によってその利用権限・利用条件等を定めなければ，そのデータを事実上利用できる立場にある者が自由に利用できることとなる。したがって，これらの者による利用の制限を希望するのであれば，データ保護のためには，契約によってその利用権限や範囲等を明確に定めることが重要となる。

2 | AI・データの利用に関する契約ガイドライン

(1)　策定背景・経緯

　経済産業省は，IoTやAI等の技術革新によってデータが爆発的に増加するに伴い，事業者間の垣根を越えたデータ連携により，新たな付加価値の創出や社会課題の解決が期待されていること，その一方で，データやAI技術をめぐっては，契約実務の蓄積が乏しいこと，あるいは当事者間の認識・理解のギャップがあること等により，契約の締結が進まないという課題があることを踏まえて，2018（平成30）年6月に「AI・データの利用に関する契約ガイドライン」（以下「本ガイドライン」という）を制定した。その後，下記3において後述する2018（平成30）年不正競争防止法改正によって「限定提供データ」の不正取得等に関する規定が創設され，2019（平成31）年1月23日に「限定提供データに関する指針」が公表されたこと等を受けて，2019（令和元）年12月に本ガイドライン（データ編）の1.1版が公表されている[1]。

　本ガイドラインにおいて，経済産業省は，データやAI技術をめぐって，契約段階ではその価値がはっきりしないことが多いデータの流通や利用を対象とする契約について，各契約当事者の立場を検討し，一般的に契約で定めておくべき事項を類型別に整理し，その契約条項例や条項作成時の考慮要素を提示している。これにより，データ契約の普及・データの利活用を促すとともに，AI開発・利用契約を作成する際の考慮要素に加え，当事者の適切なインセンティブ形成の方法やトラブル予防方法等についての基本的な考え方を提示することにより，AI開発・利用分野における契約プラクティスを形成することが

1　経済産業省「「AI・データの利用に関する契約ガイドライン 1.1版」を策定しました」（2019（令和元）年12月9日）
　https://www.meti.go.jp/press/2019/12/20191209001/20191209001.html

意図されている。

(2)　本ガイドラインの概要

　本ガイドラインは，データ編とAI編とからなる。データ編では，データに関する契約を，「データ提供型」，「データ創出型」，「データ共用型（プラットフォーム型）」の３つの類型に，AI編では，AIに関する契約を「AI開発契約」「AI利用契約」の２つの類型に整理し，それぞれ構造，主な法的論点，適切な契約の取決め方法等を説明している。また，データ編では，データ提供型とデータ創出型に関するモデル契約書案を示しており，AI編では，AI技術を用いたソフトウェア開発を念頭に，秘密保持契約書，導入検証契約書およびソフトウェア開発契約書のモデル契約案を示している。なお，AI技術を用いたソフトウェア開発のうち研究開発型スタートアップについては，共同研究契約やライセンス契約などを交渉する際に留意すべきポイントについて解説した「研究開発型スタートアップと事業会社のオープンイノベーション促進のためのモデル契約書ver1.0」において，モデル契約書（AI編）が2021（令和３）年３月に経済産業省および特許庁から公表されている点にも留意されたい。

　本ガイドラインは，いずれも当事者が契約で定めておくべき事項等を参考として示したものであり，実際の契約にあたっては，本ガイドラインを参照しつつ個別事案に応じて契約を作成することが期待されている。

(3)　データ編

　契約段階ではその価値がはっきりしないことが多いデータの流通や利用を対象とする契約について，各契約当事者の立場を検討し，一般的に契約で定めておくべき事項を類型別に整理することで，契約締結の際の取引費用を削減し，データ契約の普及・データの有効的な利活用を意図している。

【図表6－2】データ編の概要

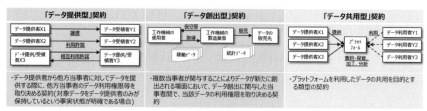

出所：経済産業省「「AI・データの利用に関する契約ガイドライン」を策定しました」関連資料「概要資料」

①　データ提供型契約

　本類型は，取引の対象となるデータを一方当事者（データ提供者）のみが保持しているという事実状態について契約当事者間で争いがないことを前提として，データ提供者から他方当事者に対して当該データを提供する場合に，当該データに関する他方当事者の利用権限その他データ提供条件等を取り決めるための契約を指すものである。

　たとえば，ある製品の製造業者が顧客から要求された寸法精度や強度を満たす製品を開発する際に自らさまざまなテストを実施し，そのテストから得られたデータを用いれば製品開発の工数を大幅に減らすことができる場合に，そのデータを第三者に販売したり，利用許諾したりする場合の取引がこれに該当する。データ提供型契約は，さらに以下の3つの小分類に整理されている。

　㋐　データの譲渡

　㋑　データのライセンス（利用許諾）

　㋒　データの共同利用（相互利用許諾）

　データ提供型契約においては，特に以下の事項が問題になると考えられる。

　➤　提供データを活用した派生データ等の利用権限の有無

　➤　派生データ等から得られた利益の分配

> ➤ 提供データが期待されたものではなかった場合の責任

> ➤ 提供データを利用したことに起因して生じた損害についての負担

> ➤ 提供データの目的外利用の可否

　これらの論点に契約締結段階で対処しておくために，本ガイドラインでは，各データ提供型契約書において定めておくべき事項が解説されている。付属のモデル契約書案も参考となる。

②　データ創出型契約

　本類型は，複数当事者が関与することにより，従前存在しなかったデータが新たに創出されるという場面において，データの創出に関与した当事者間で，データの利用権限について取り決めるための契約を指すものである。また，本類型でいう「データ」には，センサ等によって検知されるいわゆる生データの他，そのような生データを加工，分析，編集，統合等することによって得られる派生データも含まれる。

　データ創出型で想定される具体例としては，長距離バス路線の運航を業とするバス会社がバス運転手を含む従業員の健康管理を行うことを目的に，従業員の勤務中のバイタルデータ（体温，心拍数，発汗等）を取得して，これを監視するためのウェアラブル端末をヘルスケアサービス事業者と共同開発する（バイタルデータが創出される）という場合や，それにより当該ウェアラブル端末から取得されたバイタルデータを当該ヘルスケアサービス事業者の管理するシステムに蓄積させて，かつ，当該ヘルスケアサービス事業者に分析させることで，全社的な健康管理施策の立案および助言を依頼する（分析データが創出される）という場合が考えられる。さらに，当該ヘルスケアサービス事業者が，当該ウェアラブル端末より取得したバイタルデータを加工して当該ヘルスケア事業者が展開する別の健康管理サービスに利用する場合も本類型に該当する。

　データ創出型契約においては，特に以下の事項が問題になると考えられる。

> ➤ データ創出に複数の当事者が関与するが，利用権限の調整ルールが明確では
>   ないこと（当事者間の公平確保の必要性）
> ➤ データの創出がなされる場合でも，その利用方法が必ずしも明確ではない場
>   合が多いこと（契約締結時に収益や費用に関する想定が困難）
> ➤ 個人情報およびプライバシー権に対する配慮（創出されるデータに個人情報
>   が含まれる場合）

　本類型においても，これらの論点に契約締結段階で対処しておくために，本
ガイドラインでは，各データ創出型契約書において当事者間で合意しておくべ
き利用条件等が解説されている。具体的には，対象データの範囲，利用目的を
明確に定めること，加工等の可否と派生データに対する利用権限および第三者
への利用許諾等の制限について合意しておくべき内容について詳細が述べられ
ているので参考となる。

③　データ共用型（プラットフォーム型）契約

　本類型は，データを集約，保管，加工または分析するプラットフォームを中
心に，プラットフォームにデータを提供するデータ提供者グループ（X1，X2，
X3……）と，プラットフォームを通じてデータを共用・活用するデータ利用
者グループ（Y1，Y2，Y3……）が存在するものが想定されている。IoT，
ビッグデータ，AI等の発展により，複数の会社が個別に保有しているデータ
をプラットフォームに集約し，既存の企業や系列の枠を超えてのプラット
フォーム創出・発展は今後さらに推進されることが予測される。

　プラットフォーム型で想定される具体例としては，複数の造船会社，船主，
運航会社等が，それぞれが個別に保有している船舶データや海象データをプ
ラットフォームに集約して共有する取組みや，複数のビデオカメラ設置事業者
がそれぞれ保有する映像データをプラットフォームに集約し，商業利用や都市
計画・防災等の公的目的に活用する取組み等があげられる。

プラットフォーム型は，「データ提供型」や「データ創出型」と異なる特徴として主に以下のものを有していると考えられている。

> ➤ プラットフォームが存在し，複数の事業者のデータがプラットフォームに集約される。
> ➤ データ提供者が提供したデータが第三者に提供・共用されることが想定されている。
> ➤ １つの事業者がデータ提供者とデータ利用者の両方の立場で関与することがある。
> ➤ プラットフォームにおいて，提供データと利用データの内容，範囲等を柔軟に調整またはコントロールすることが可能である。
> ➤ 複数のデータ提供者およびデータ利用者やそれ以外の参加者も含め，多数かつ多様な者が関与する可能性がある。

　プラットフォーム型において参加者を規律する契約としては，個別契約ではなく利用規約が用いられることが多い。その主な理由は，プラットフォームを中心とするn：１：nという構造ゆえ，契約関係の規律において画一的な対応を要する点があげられる。すなわち，仮にプラットフォーム型において参加者を規律する契約に，利用規約でなく個別契約を用いた場合には，プラットフォーム事業者と各参加者との間で複数の契約関係が成立することとなり，また，これら個別の契約関係に相違点を設けると，プラットフォーム事業者において当該個別契約の条件交渉に時間やコストがかかり，また，契約管理のコストもかかるため，特にプラットフォーム事業者において利用規約を用いて画一的で効率的な規律をしたいという動機づけが生ずることになる。
　また，データ提供者およびデータ利用者においても，仮に個別契約によりプラットフォームが構築されていると，他のデータ提供者およびデータ利用者とプラットフォーム事業者間の個別契約の内容を知り得る手段がないが，他方で，画一的な契約内容の利用規約が採用されていれば，他のデータ提供者または

データ利用者と比べて不利な条件設定がされていないという安心感が得られるため，データ提供者およびデータ利用者としても利用規約に基づく契約関係の構築がなされることによりプラットフォームに参加しやすくなるというメリットがある。さらに，他のデータ提供者またはデータ利用者が利用規約違反その他のトラブルを起こしたときに，当該行為が利用規約のどの条項に反する行為なのかがわかれば，プラットフォーム事業者としては，当該違反者に対する利用規約に基づく責任追及をしやすいという利点もある。

　そのため，本ガイドラインでは，本類型について主に利用規約において規定すべき主要事項について解説されている。

(4)　AI編

　AI編は，AI技術の特性や基本的概念について解説するとともに，AI技術を利用したソフトウェアの開発・利用契約を作成するにあたっての考慮要素，トラブルを予防する方法等について基本的な考え方を提示することで，開発・利用を促進することを目的としたものである。

①　AI技術を利用したソフトウェアの開発

　本ガイドラインでは，まずAI技術の基本的概念やAI技術を利用したソフトウェア開発の技術特性について解説している。すなわち，AI技術を活用したソフトウェア開発については，モデルの内容・性能等について，契約締結時に成果が不明瞭な場合が多いこと，性能が学習用データセットに左右されること，ソフトウェア開発後もさらに再学習を行う需要が存在すること等の特徴が存在することが指摘されている。そして，AI技術を利用したソフトウェアの開発契約については，これらのAI開発の特徴を踏まえて，従来型のソフトウェア開発とは異なり，試行錯誤を繰り返しながら納得できるモデルを生成するという新たなアプローチをとることを前提に，開発プロセスを(ｱ)アセスメント段階，(ｲ)PoC（Proof of Concept：概念実証）段階，(ｳ)開発段階，(ｴ)追加学習段階に分けて探索的に開発を行う「探索的段階型」の開発方式を提唱している。

さらに，それぞれの段階について，生データ，学習用データセット，AI生成物などの項目ごとに，知的財産権の有無，権利や利用条件の設定方法について解説するとともに，モデルの性能保証が困難というAI開発の特性を踏まえ，ベンダの責任の範囲を限定する契約方法等についても解説している。

【図表6−3】AI編の概要

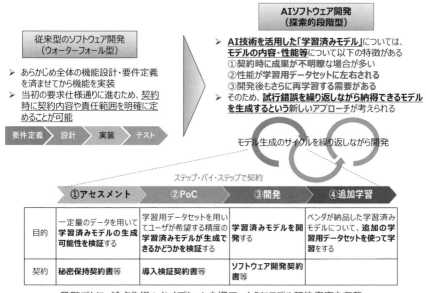

出所：経済産業省「「AI・データの利用に関する契約ガイドライン」を策定しました」関連資料「概要資料」

② AI技術の利用契約

技術に関する事業モデルには，開発の他に（または開発に加えて），ベンダが開発した学習済みモデル等のAI技術を提供し，ユーザがこれを利用する形態の事業モデル（以下「AI技術の利用サービス」という）がある。AI技術の利用サービスにはさまざまな形態が存在するため一概に類型化はできないものの，本ガイドラインでは，主に，ベンダが学習済みモデルを提供し，ユーザが

これを利用するサービス（ユーザが自己のデータをベンダの学習済みモデルに
入力して，出力結果であるAI生成物を利用するサービス，以下「学習済みモ
デルの利用サービス」という）と，ベンダが学習用プログラムを提供し，ユー
ザがこれを利用するサービス（ユーザが自己の学習用データセットをベンダの
学習用プログラムに読み込ませて，学習済みモデルを生成し，当該学習済みモ
デルとその出力結果であるAI生成物を利用するサービス）の２つの類型が想
定されている。

　学習済みモデルの利用サービスとして，具体的には，ユーザが自己のデータ
を，インターネット経由でベンダのサーバにある学習済みモデルに入力して，
出力結果であるAI生成物に基づきベンダが作成したレポートを利用すると
いったサービスが該当する【図表 6 － 4 】。

【図表 6 － 4 】学習済みモデルの利用サービス

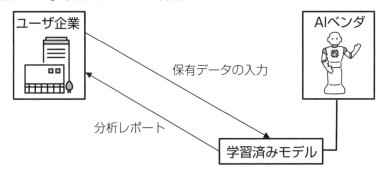

　本ガイドラインでは，学習済みモデルの利用サービスに関する利用契約につ
いて協議や検討が必要となる事項として，以下の要素をあげて解説をしている。

➤ 学習済みモデルのカスタマイズ

カスタマイズに用いられた生データ，学習用データセット，カスタマイズされた学習済みモデルおよび関連するノウハウの権利帰属や利用条件を，カスタマイズの程度，データの性質，寄与度等を考慮して決定する必要がある。

➤ 入力データ

クラウドサービス型の学習済みモデルの利用サービスの場合，サービス利用に伴い，ユーザがベンダのサーバに送信した入力データについて，ベンダからのアクセスが可能となる。入力データには，ユーザの営業秘密やノウハウが含まれる場合もあるが，このような入力データの法律上の取扱いは必ずしも明確でないことから，入力データの取扱いや利用条件について，サービス利用契約で取り決めることが重要となる。入力データの目的外利用も問題になることが多いため，利用範囲については特に協議して明確にしておくことが重要である。

➤ 再利用モデル

学習済みモデルの利用サービスにおいては，当該モデルの精度を維持するため，または精度を高めるために，入力データを用いて追加学習を行うことも想定される。そのため，追加学習により，再利用モデルが生成された場合，その取扱いが問題となり得るので，権利帰属や利用条件について，サービス利用契約において取り決めることが望ましい。

➤ AI生成物

ユーザが学習済みモデルの利用サービスの利用の結果として得る成果について，サービス利用契約において，取扱いを取り決めることが望ましい。なお，前提として，AI生成物は，生成の過程に人間の創作的寄与がない限り，現行の著作権法上の著作物には該当しないと考えられているが，人間の創作的寄与の有無についてはAI生成物の外観からその判断は困難といえる。したがって，著作権法との観点からも，当該AI生成物の性質，利用目的，データの提供主体，コストの負担，責任分担等の各要素を考慮して，具体的な利用条件を決定することが必要であるといえる。特にAI生成物の性質は，当該利用条件の取決めにあたり重要な要素と

なる。すなわち，当該AI生成物が著作物と同様の外観を有する場合（映像，写真，音楽，絵画，小説等），著作物と同じく，それ自体に相当な市場価値が認められることもあり得る。よって，このような場合には，当該AI生成物の帰属や利用条件について，当事者の寄与度やデータの性質を基準に，特に慎重な検討が必要となる点に留意されたい。

3 ｜ 不正競争防止法によるデータ保護

(1)　2018（平成30）年改正不正競争防止法

　上記①で述べたとおり，データが(ア)秘密管理性，(イ)有用性，(ウ)非公知性の要件を満たす営業秘密に該当する場合，当該データは，不正競争防止法の保護対象となる。ただし，この営業秘密に該当しない場合であっても，2018（平成30）年5月23日に成立し，2019（令和元）年7月に施行された改正不正競争防止法により，ID・パスワード等により管理しつつ相手方を限定して提供されるデータについては，「限定提供データ」として新たに不正競争防止法による保護を受けることが可能となった。そこで以下「限定提供データ」について説明する。

(2)　限定提供データ

　限定提供データとは，業として特定の者に提供する情報として電磁的方法により相当量蓄積され，および管理されている技術上または営業上の情報（秘密として管理されているものを除く）をいう（不正競争防止法2条7項）。限定提供データについて不正競争行為が成立する場合としては，「不正取得類型」（同法2条1項11号），「著しい信義則違反類型」（同項14号），「転得類型」（同項12号・13号・15号および16号）があり，これらに該当する不正競争があった場合，限定提供データ保有者は，差止め等の請求をすることができる。

　限定提供データの考え方については，経済産業省が2019（平成31）年1月23日に「限定提供データに関する指針」を公表している。同指針は，限定提供データの各要件の該当性について，以下のとおり述べている。

(3)　限定提供データの要件

①　「業として特定の者に提供する」（限定提供性）

　「限定提供データ」は，ビッグデータ等を念頭に，商品として広く提供されるデータや，コンソーシアム内で共有されるデータなど，事業者等が取引等を通じて第三者に提供する情報を想定している。したがって，提供先を特定・限定せずに，広く提供されているデータは，限定提供データとして保護の対象とはならない。

　「業として」とは，反復継続的に提供している場合はもちろん，実際に反復継続的に提供していなくとも，データ保有者が反復継続して提供する意思があれば該当する。また，「特定の者」とは，一定の条件の下でデータ提供を受ける者を指し，特定されていれば数の多寡に関係なく本要件を満たすこととなる。

②　「電磁的方法……により相当量蓄積され」（相当蓄積性）

　相当蓄積性の要件の趣旨は，ビッグデータ等を念頭に，有用性を有する程度に蓄積している電子データを保護対象とすることにある。

　「相当量」とは，個々のデータの性質に応じて判断されることとなるが，社会通念上，電磁的方法により蓄積されることによって価値を有するものが該当する。その判断にあたっては，当該データが電磁的方法により蓄積されることで生み出される付加価値，利活用の可能性，取引価格，収集・解析にあたって投じられた労力・時間・費用等が勘案されるものと考えられるとされている。

③　「電磁的方法により……管理され」（電磁的管理性）

　「電磁的管理性」が満たされるためには，特定の者に対してのみ提供するものとして管理するという保有者の意思を第三者が認識できるようにされている

必要がある。管理措置の具体的な内容・管理の程度は，企業の規模・業態，データの性質やその他の事情によって異なるが，第三者が一般的にかつ容易に認識できる管理である必要がある。具体的には，第三者がデータにアクセスできないようにする措置，たとえば，ID・パスワード，ICカード・特定の端末機器・トークン，生体情報などを用いることが考えられる。また，専用回線による伝送も同様にアクセスを制限する技術に該当するものと考えられる。

④　技術上または営業上の情報

「技術上又は営業上の情報」には，利活用されている（または利活用が期待される）情報が広く該当する。具体的には，「技術上の情報」として，地図データ，機械の稼働データ，AI技術を利用したソフトウェアの開発（学習）用のデータセットや当該学習から得られる学習済みモデル等の情報が，「営業上の情報」として，消費動向データ，市場調査データ等の情報があげられる。ただし，違法な情報や，これと同視し得る公序良俗に反する有害な情報については，事業者間の公正な競争の確保，国民経済の健全な発展への寄与といった法の目的を踏まえ，保護の対象となる技術上または営業上の情報には該当しないものと考えられている。

⑤　「秘密として管理されているものを除く」

「秘密として管理されている（秘密管理性）」とは，「営業秘密」の要件である。「営業秘密」は，事業者が秘密として管理する情報である一方，「限定提供データ」は，一定の条件を満たす特定の外部者に提供することを目的とする情報である。本規定の趣旨は，このような「営業秘密」と「限定提供データ」の違いに着目し，両者の重複を避けるため，「営業秘密」を特徴づける「秘密として管理されているもの」を「限定提供データ」から除外することにある。

⑥ 適用除外の対象となる「無償で公衆に利用可能となっている情報と同一」の情報

相手を特定・限定せずに無償で広く提供されているデータ（以下「オープンデータ」という）は，誰でも使うことができるものであるため，このようなデータと同一の「限定提供データ」を取得し，またはその取得したデータを使用し，もしくは開示する行為については，不正競争防止法の保護の対象外とされている（同法19条1項8号ロ）。

無償とは，金銭の支払がない場合であっても，そのデータが付随する製品を購入したものに限定してデータが提供される場合は，データの経済価値に対して何らかの対価が支払われているのと同視されるため，「無償」に該当しない点は注意が必要である。

また，「公衆に利用可能となっている情報」とは，オープンになっているデータを指すが，オープンデータと実質的に同一の内容のデータは，仮に他の限定提供データの要件を満たしている場合でも，限定提供データとしての保護を受けない。オープンデータは，電子媒体であることを問わず，紙媒体でオープンになっている場合も同様に解される。

(4) 「不正競争」の対象となる行為

不正競争防止法では，「限定提供データ」に係る行為について，限定提供データ保有者と利用者の保護のバランスに配慮し，全体としてデータの流通や利活用が促進されるよう，限定提供データ保有者の利益を直接的に侵害する行為等の悪質性の高い行為を「不正競争」として定義している（同法2条1項11号～16号）。これらの「不正競争」においては，「取得」，「使用」または「開示」という行為が問題となる。

① 「取得」

「取得」とは，データを自己の管理下に置くことをいい，データが記録されている媒体等を介して自己または第三者がデータ自体を手に入れる行為や，

235

データの映っているディスプレイを写真に撮る等，データが記録されている媒体等の移動を伴わない形で，データを自己または第三者が手に入れる行為が該当する。

原則として「取得」に該当すると考えられる具体例

➤ サーバや媒体に保存されているデータを自分のパソコンやUSBメモリにコピーする行為

➤ 自己のアカウントに係るクラウド上の領域などでデータを利用できる状態になっている場合（その場合，自己のパソコンやUSBメモリにダウンロードせずとも「取得」に該当し得る）

➤ 社内サーバに保存されているデータを他の媒体にコピーする行為

➤ データが記録された電子ファイルを添付したメールを他者に依頼して送付させ，受信する行為（当該ファイルにアクセス制限等はかかっておらず，メールを開封すればデータの中身がわかることが前提），または当該メールを第三者に転送し，受信させる行為（第三者に「取得」させる行為）

➤ データを紙にプリントアウトして持ち出す行為

➤ データを開いたパソコンのディスプレイの写真やビデオを撮影する行為

---

② 「使用」

「使用」とは，データを用いる行為であり，具体例としては以下の行為があげられる。

原則として「使用」に該当すると考えられる具体例

➤ 取得したデータを用いて研究・開発する行為

➤ 取得したデータを用いて物品を製造し，または，プログラムを作成する行為

➤ 取得したデータからAI技術を利用したソフトウェアの開発（学習）用の学習用データセットを作成するために分析・解析する行為

- ➤ 取得したデータをAI技術を利用したソフトウェアの開発に利用する行為
- ➤ 取得したデータを用いて新たにデータベースを作成するべく，検索しやすいように分類・並び替えを行う行為
- ➤ 取得したデータに，データクレンジング等の加工を施す行為
- ➤ 取得したデータと，別途収集した自己のデータを合わせ整理して，データベースを作成する行為
- ➤ 取得したデータを用いて営業（販売）活動を行う行為

　なお，取得したデータを使用して得られる成果物（データを学習させて生成された学習済みモデル，データを用いて開発された物品等）がもはやもとの限定提供データとは異なるものと評価される場合には，その使用，譲渡等の行為は不正競争には該当しない。ただし，成果物が，取得したデータをそのまま含むデータベース等，当該成果物が取得したデータと実質的に等しい場合や実質的に等しいものを含んでいると評価される場合には，当該成果物を使用する行為は，取得したデータの「使用」に該当すると考えられる。

③ 「開示」

　「開示」とは，データを第三者が知ることができる状態に置くことをいう。実際に第三者が知ることまでは必要がなく，必ずしも「開示」の相手方が「取得」に至っていることも必要ではないと考えられている。

原則として「開示」に該当すると考えられる具体例
- ➤ データを記録した媒体（紙媒体を含む）を第三者に手渡す行為
- ➤ 第三者がアクセス可能なホームページ上にデータを掲載する行為
- ➤ データが記録された電子ファイルを第三者にメールで送付する行為（メールが開封されるか否かは問わない）
- ➤ 取得したエクセル形式のデータをPDFに変換して保存しているサーバにおいて，当該データへの第三者へのアクセス権を設定する行為

> ➤ データをサーバに保存した上で，当該サーバにアクセスするためのパスワードをそのサーバの所在とともに第三者に書面または口頭で教示する行為
> ➤ 大量のデータをタブレットやスマートフォン等のディスプレイやスクリーン上に表示させ，それを第三者に閲覧させる行為

　なお，取得したデータを使用して得られる成果物（データを学習させて生成された学習済みモデル，データを用いて開発された物品等）がもはやもとの限定提供データとは異なるものと評価される場合には，その譲渡等の行為は不正競争には該当しない。

4 ｜ デジタル化・ネットワーク化と著作権法

(1)　2018（平成30）年著作権法改正

　デジタル・ネットワーク技術の進展に対応し，新たに生まれるさまざまな著作物の利用ニーズに的確に対応する他，教育の情報化への対応，障害者の情報アクセス機会の充実，アーカイブの利用促進を目的として，2018（平成30）年5月18日に，改正著作権法が成立し，教育の情報化への対応等一部を除き，2019（平成31）年1月1日から施行されている。

　著作権法は，著作物ならびに実演，レコード，放送および有線放送に関し著作者の権利およびこれに隣接する権利を定め，これらの文化的所産の公正な利用に留意しつつ，著作者等の権利の保護を図り，もって文化の発展に寄与することを目的とした法律である（同法1条）。著作権の具体的内容として，同法21条から28条に，著作権者が専有する利用行為が列挙されている。たとえば，複製権（同法21条），テレビやネットで配信する行為に関する公衆送信権（同法23条），貸与権（同法26条の3）等の権利があり，このような各権利は，支分権と呼ばれている。ただし，著作権法は，支分権に規定された利用行為であって

も，一定の要件を満たす場合に著作権者以外の者による利用行為を適法とする例外規定を置いており，それらは著作権法30条以下に列挙されている。たとえば，私的利用目的の複製（同法30条）や他の著作物での引用（同法32条）の場合等があげられる。

すなわち，著作物を利用する場合，一部の例外規定に該当する場合を除き，著作権者の許諾を得なければ利用できない。しかし，ビッグデータの収集，解析等の過程で取り扱う各著作物について許諾を得ることは現実的ではなく，またその態様は著作権者に及ぼす不利益が少ないものも含まれるため，デジタル化・ネットワーク化の進む時代に適応していないとの指摘があった。

そこで，2018（平成30）年改正著作権法では，以下の2点を目的としたデジタル化・ネットワーク化の進展に対応した柔軟な権利制限規定が整備された。

(ア) 著作物の市場に悪影響を及ぼさないビッグデータを活用したサービス等のための著作物の利用について，許諾なく行えるようにすること

(イ) イノベーションの創出を促進するため，情報通信技術の進展に伴い将来新たな著作物の利用方法が生まれた場合にも柔軟に対応できるよう，ある程度抽象的に定めた規定を整備すること

具体的には，権利者の利益を通常害さないと評価できる行為として，コンピュータの内部処理のみに供されるコピー，セキュリティ確保のためのソフトウェアの調査解析等，権利者に及び得る不利益が軽微な行為として所在検索サービス，情報解析サービスについて，例外的に著作物の利用を可能とする規定が置かれた。

【図表6－5】2018（平成30）年改正著作権法で著作物の利用が可能となった行為類型

権利者の利益を通常害さないと評価できる行為類型	権利者に及び得る不利益が軽微な行為類型
著作物を享受する目的で利用しない場合	新たな情報・知見を創出するサービスの提供に付随して，著作物を軽微な形で利用する場合
・コンピューターの内部処理のみに供されるコピー等 ・セキュリティ確保のためのソフトウェアの調査解析等	・所在検索サービス ・情報解析サービス

著作物を著作権者の許諾なしに利用できる行為を広く明確にすることで，AI，IoT，ビッグデータを活用したイノベーションを創出しやすい環境を整備

　以下，主な改正条文である著作権法30条の4，47条の4，47条の5について説明する。

(2)　デジタル化・ネットワーク化の進展に対応した柔軟な権利制限規定

①　ビッグデータの情報解析目的等による利用

　改正著作権法30条の4は，情報利用に関する規定をまとめ，より包括的に，「著作物に表現された思想又は感情の享受を目的としない利用」について規定したものであり，ただし書きにおいて，著作権者の利益に配慮する旨が明確にされている。たとえば，音楽の著作物を視聴する（思想または感情を享受する）ことを目的とするのではなく，録音や音響技術の開発に用いたり，ビッグデータの中に存在する情報としての音楽データを解析対象としたり，コンピュータで音声情報を処理したりする場合がこれに当たる。

著作物に表現された思想又は感情の享受を目的としない利用

第30条の4

著作物は，次に掲げる場合その他の当該著作物に表現された思想又は感情を自ら享受し又は他人に享受させることを目的としない場合には，その必要と認められる限度において，いずれの方法によるかを問わず，利用することができる。ただし，当該著作物の種類及び用途並びに当該利用の態様に照らし著作権者の利益を不当に害することとなる場合は，この限りでない。

一　著作物の録音，録画その他の利用に係る技術の開発又は実用化のための試験の用に供する場合

二　情報解析（多数の著作物その他の大量の情報から，当該情報を構成する言語，音，影像その他の要素に係る情報を抽出し，比較，分類その他の解析を行うことをいう。第四十七条の五第一項第二号において同じ。）の用に供する場合

三　前二号に掲げる場合のほか，著作物の表現についての人の知覚による認識を伴うことなく当該著作物を電子計算機による情報処理の過程における利用その他の利用（プログラムの著作物にあつては，当該著作物の電子計算機における実行を除く。）に供する場合

② コンピュータにおける情報の効率的処理や保守・バックアップのための利用

改正著作権法47条の4は，コンピュータにおける情報の効率的な処理や保守・バックアップなどに関する規定をまとめたもので，「著作物の電子計算機における利用を円滑又は効率的に行うために当該電子計算機における利用に付随する利用に供することを目的とする場合」について，上記の同法30条の4と同様，具体的な利用態様を限定しない包括的な規定を置くとともに，ただし書きで著作権者の利益に配慮する旨が明確にされている。

電子計算機における著作物の利用に付随する利用等

第47条の4

電子計算機における利用（情報通信の技術を利用する方法による利用を含む。以下この条において同じ。）に供される著作物は，次に掲げる場合その他これらと同様に当該著作物の電子計算機における利用を円滑又は効率的に行うために当該電子計算機における利用に付随する利用に供することを目的とする場合には，その必要と認められる限度において，いずれの方法によるかを問わず，利用することができる。ただし，当該著作物の種類及び用途並びに当該利用の態様に照らし著作権者の利益を不当に害することとなる場合は，この限りでない。

一　電子計算機において，著作物を当該著作物の複製物を用いて利用する場合又は無線通信若しくは有線電気通信の送信がされる著作物を当該送信を受信して利用する場合において，これらの利用のための当該電子計算機による情報処理の過程において，当該情報処理を円滑又は効率的に行うために当該著作物を当該電子計算機の記録媒体に記録するとき。

二　自動公衆送信装置を他人の自動公衆送信の用に供することを業として行う者が，当該他人の自動公衆送信の遅滞若しくは障害を防止し，又は送信可能化された著作物の自動公衆送信を中継するための送信を効率的に行うために，これらの自動公衆送信のために送信可能化された著作物を記録媒体に記録する場合

三　情報通信の技術を利用する方法により情報を提供する場合において，当該提供を円滑又は効率的に行うための準備に必要な電子計算機による情報処理を行うことを目的として記録媒体への記録又は翻案を行うとき。

2　電子計算機における利用に供される著作物は，次に掲げる場合その他これらと同様に当該著作物の電子計算機における利用を行うことができる状態を維持し，又は当該状態に回復することを目的とする場合には，その必要と認められる限度において，いずれの方法によるかを問わず，利用することができる。ただし，当該著作物の種類及び用途並びに当該利用の態様に照らし著作権者の利益を不当に

害することとなる場合は，この限りでない。

一 記録媒体を内蔵する機器の保守又は修理を行うために当該機器に内蔵する記録媒体（以下この号及び次号において「内蔵記録媒体」という。）に記録されている著作物を当該内蔵記録媒体以外の記録媒体に一時的に記録し，及び当該保守又は修理の後に，当該内蔵記録媒体に記録する場合

二 記録媒体を内蔵する機器をこれと同様の機能を有する機器と交換するためにその内蔵記録媒体に記録されている著作物を当該内蔵記録媒体以外の記録媒体に一時的に記録し，及び当該同様の機能を有する機器の内蔵記録媒体に記録する場合

三 自動公衆送信装置を他人の自動公衆送信の用に供することを業として行う者が，当該自動公衆送信装置により送信可能化された著作物の複製物が滅失し，又は毀損した場合の復旧の用に供するために当該著作物を記録媒体に記録するとき。

③ 情報検索エンジン，情報解析サービスのための利用

　改正著作権法47条の5は，検索や解析における情報利用について例外を認めたもので，所在検索サービスや情報解析サービスをめぐる著作権法上の問題をクリアするためのものである。本条でも，ただし書きにおいて著作権者の利益を不当に害する場合には本条が適用されないことが明記されているが，その行為類型は限定列挙とされている。つまり，新規技術などによって将来新たな同種の利用ニーズが生じたときは，法改正によって対応する必要があることとなる。ただし，「電子計算機による情報処理により，新たな知見又は情報を創出し，及びその結果を提供する行為であつて，国民生活の利便性の向上に寄与するもの」との要件を満たす限りにおいては，新たなニーズに政令で対応することが可能になっている（同条1項3号）。

電子計算機による情報処理及びその結果の提供に付随する軽微利用等

第47条の5

電子計算機を用いた情報処理により新たな知見又は情報を創出することによつて著作物の利用の促進に資する次の各号に掲げる行為を行う者（当該行為の一部を行う者を含み，当該行為を政令で定める基準に従つて行う者に限る。）は，公衆への提供等（公衆への提供又は提示をいい，送信可能化を含む。以下同じ。）が行われた著作物（以下この条及び次条第二項第二号において「公衆提供等著作物」という。）（公表された著作物又は送信可能化された著作物に限る。）について，当該各号に掲げる行為の目的上必要と認められる限度において，当該行為に付随して，いずれの方法によるかを問わず，利用（当該公衆提供等著作物のうちその利用に供される部分の占める割合，その利用に供される部分の量，その利用に供される際の表示の精度その他の要素に照らし軽微なものに限る。以下この条において「軽微利用」という。）を行うことができる。ただし，当該公衆提供等著作物に係る公衆への提供等が著作権を侵害するものであること（国外で行われた公衆への提供等にあつては，国内で行われたとしたならば著作権の侵害となるべきものであること）を知りながら当該軽微利用を行う場合その他当該公衆提供等著作物の種類及び用途並びに当該軽微利用の態様に照らし著作権者の利益を不当に害することとなる場合は，この限りでない。

一　電子計算機を用いて，検索により求める情報（以下この号において「検索情報」という。）が記録された著作物の題号又は著作者名，送信可能化された検索情報に係る送信元識別符号（自動公衆送信の送信元を識別するための文字，番号，記号その他の符号をいう。第百十三条第二項及び第四項において同じ。）その他の検索情報の特定又は所在に関する情報を検索し，及びその結果を提供すること。

二　電子計算機による情報解析を行い，及びその結果を提供すること。

三　前二号に掲げるもののほか，電子計算機による情報処理により，新たな知見又は情報を創出し，及びその結果を提供する行為であつて，国民生活の利便

性の向上に寄与するものとして政令で定めるもの

2 前項各号に掲げる行為の準備を行う者（当該行為の準備のための情報の収集，整理及び提供を政令で定める基準に従つて行う者に限る。）は，公衆提供等著作物について，同項の規定による軽微利用の準備のために必要と認められる限度において，複製若しくは公衆送信（自動公衆送信の場合にあつては，送信可能化を含む。以下この項及び次条第二項第二号において同じ。）を行い，又はその複製物による頒布を行うことができる。ただし，当該公衆提供等著作物の種類及び用途並びに当該複製又は頒布の部数及び当該複製，公衆送信又は頒布の態様に照らし著作権者の利益を不当に害することとなる場合は，この限りでない。

本条の要件を細分化すると，以下のとおりである。

㋐ 1項各号に掲げる行為を行う者であること（対象サービス）

対象となるサービスは，1項各号に規定された3類型である。

1号はインターネット情報検索エンジン等の情報検索サービスに関するもので，書籍検索サービス等が該当すると考えられている。2号は情報解析サービスを対象としており，論文剽窃検証サービス（大量の論文や書籍等をデジタル化してデータベースに記録した上で，検証したい論文について，他の論文等からの剽窃の有無や剽窃率を解析し，その解析結果に付随して剽窃箇所に対応するオリジナルの論文等の本文の一部分を表示するサービス）が含まれると考えられている。さらに，3号は，上記のサービス以外にも同条の趣旨に妥当する新たなニーズが発生した場合に，迅速に権利制限の対象を追加できるように定められた規定である。

㋑ 当該行為を行う者が政令で定める基準に従っていること

当該行為を行う者が従うべき政令で定める基準の概要は以下のとおりである（著作権法施行令7条の4第1項各号，著作権法施行規則4条の4，4条の5各号）。

(i) サービスに使用するデータベースに係る情報漏えいの防止のための措置を講ずること

⒤　サービスが改正法の要件に適合したものとなるよう，事前に学識経験者に対する相談等の必要な取組みを行うこと

⒦　インターネット情報検索サービスを行う場合，ID・パスワードにより受信が制限された情報や，業界慣行に沿って情報収集禁止措置がとられた情報を使用しないこと（現行規定を踏まえた基準）

㈺　1項各号に掲げる行為の目的上必要と認められる限度であること
㈻　1項各号に掲げる行為に付随して行うものであること
㈼　軽微な利用であること

　その利用に供される部分の占める割合，その利用に供される部分の量，その利用に供される際の表示の精度などの外形的な要素に照らし，著作物の利用の範囲が軽微であるかを基準として判断されることとなる。「公衆提供等著作物のうちその利用に供される部分の占める割合」は，たとえば楽曲であれば全体の演奏時間のうち何パーセントに当たる時間が利用されているか，「その利用に供される部分の量」は，たとえば小説であればどの程度の文字数が利用されているか，「その利用に供される際の表示の精度」は，たとえば写真の画像データであればどの程度の画素数で利用されているか，「その他の要素」としては，たとえば紙媒体での「表示の大きさ」などが想定され，写真の紙面への掲載であれば何平方センチメートルの大きさで利用されているか，といったことがそれぞれ意味されるものと考えられるとされている。

　上記の点に加えて，2017（平成29）年4月文化審議会著作権分科会「文化審議会著作権分科会報告書」では，「例えば，辞書・辞典の各項目や俳句等の言語の著作物の全部表示，写真・絵画の精細な画像の表示，言語の著作物や音楽・映像の，短い一部分を超える表示等が行われるような場合，「軽微」な範囲を超えるものと評価される場合もあるものと考えられ，そのような場合は権利制限の対象とならないような制度設計とする必要がある。」とされていることにも注意が必要であり，原著・原典等を見る必要がないという程度の表示がなされた場合には，「軽微」要件を満たさない可能性が高まると考えられる。

㈹ 権利者の利益を不当に害するものでないこと

形式的には所在検索や情報解析の結果とともに著作物が表示されるサービス【図表6－6】であっても，その表示等が一般的に利用者の有している当該著作物の視聴にかかわる欲求を充足することになって，そのオリジナルの著作物の視聴等に係る市場に悪影響が及ぶような場合，本条の権利制限の対象とならないものと考えられている。

【図表6－6】所在検索サービス，情報解析サービス

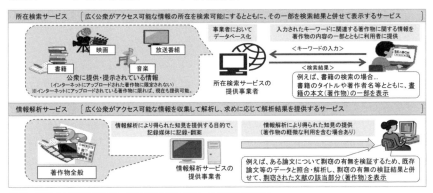

出所：文化庁「著作権法の一部を改正する法律　概要説明資料」
https://www.bunka.go.jp/seisaku/chosakuken/hokaisei/h30_hokaisei/pdf/
r1406693_02.pdf

5 AIに関する業規制

AIの医療現場での活用拡大に期待の声は大きい。しかし，AI医療については，その責任の所在や医行為規制等が問題となるところである。

医師法では，医師でなければ，医業をなしてはならないと定められている（同法17条）。先述のとおり，ここにいう「医業」とは，当該行為を行うにあたり，医師の医学的判断をもってするのでなければ人体に危害を及ぼし，または危害を及ぼすおそれのある行為（医行為）を反復継続する意思をもって行うこ

とを指す。

　わが国では，平成29年度厚生労働行政推進調査事業費補助金「AI等のICTを用いた診療支援に関する研究」（研究代表者：横山和明東京大学医科学研究所附属病院血液腫瘍内科助教）におけるAI等のICTを用いた診療支援に関する調査等を踏まえ，AIを用いた診断，治療等の支援を行うプログラムを利用して診療を行うことについては，AIは診療プロセスの中で医師主体判断のサブステップにおいて，その効率を上げて情報を提示する支援ツールにすぎず，判断の主体は少なくとも当面は医師である等と整理された。

　したがって，AIを用いた診断，治療等についての現在の考え方を整理すると，以下のとおりとなる。

人工知能（AI）を用いた診断・治療支援を行うプログラムを利用して診療を行う場合についても，

➢ 診断，治療等を行う主体は医師である。

➢ 医師はその最終的な判断の責任を負う。

➢ 当該診療は医師法17条の医業として行われる。

---

6 ┃ 医療データの利活用

　政府は，規制改革実施計画（2019（令和元）年6月21日閣議決定）において，医療・介護分野の「医療等分野におけるデータ利活用の促進」および「患者による医薬品情報へのアクセス改善」等を重点事項に掲げており，これらを実現するためにさまざまな制度が議論されている。以下，その議論の内容について紹介する。

(1) データの標準化

① 電子カルテ

　従来，国内では，電子カルテの大手ベンダが独自規格の開発を進めてきたため，医療機関ごとにデータの互換性がないことが課題となってきた。すなわち，ベンダがそれぞれにソフトを独自開発し，それぞれ独自の進化を遂げているため，異なるベンダの電子カルテ間ではデータのやりとりや連携が非常に困難で，施設間連携や地域連携の妨げになっている他，医療機関としては，いったんあるベンダの電子カルテを導入した後に，他社の電子カルテに買い替えようと考えても，カルテデータの移行ができず，ベンダによる顧客の囲い込み，買い替え阻害になっている等の問題が指摘されてきた。

　この点を問題視し，厚生労働省社会保障審議会・医療部会では，2018（平成30）年7月27日に，電子カルテの仕様の標準化をすべきとの意見で一致し，同部会長から厚生労働省に対して，「電子カルテのコア部分を規定し，その標準化を行う，いわば次世代電子カルテシステムの標準仕様構築は，非常に重要なテーマである。国（省庁）を挙げて，一大プロジェクトとして取り組む必要がある」と要請し，これを受けて，厚生労働省は平成31（令和元）年度予算に「医療情報化支援基金」（予算段階では「医療ICT化推進基金」の仮称であった）として300億円を計上し，この予算によって「基金」を設け，電子カルテの標準化に取り組む医療機関等の補助を行うことを決定した[2]。ただし，標準化といっても，電子カルテの仕様を統一してソフトウェアの規格を一本化するということではなく，厚生労働省医政局研究開発振興課は，一本化へのハードルは相当高いので，どのような方向性が好ましいのかは今後の検討課題であり，

2　首相官邸ホームページ「未来投資会議構造改革徹底推進会合「健康・医療・介護」会合（第6回）」資料1　厚生労働省提出資料「健康・医療・介護サービス提供の基盤となるデータ基盤の構築」
　https://www.kantei.go.jp/jp/singi/keizaisaisei/miraitoshikaigi/suishinkaigo2018/health/dai6/siryou1.pdf

また，標準化の対象は，システム全体ではなく，機能や医療施設間でのデータのやりとりについての標準化であるとの見解を示すにとどまった。

そして，この電子カルテ等の普及を目的とした「医療情報化支援基金」については，医療分野におけるICTの積極的な活用と，これによる効率的かつ質の高い医療提供体制の構築を実現すべく，国の指定する標準規格を用いて相互に連携可能な電子カルテシステム等を導入する医療機関での初期導入経費を補助する制度として，「地域における医療及び介護の総合的な確保の促進に関する法律」において創設された。同法律は，2019（令和元）年10月１日に施行されている[3]。

さらに，厚生労働省は，次世代医療ICT基盤協議会・標準的医療情報システムに関する検討会において2019（令和元）年11月29日に実施された「技術面から見た標準的な医療情報システムの在り方」に関する議論を踏まえ，2020（令和２）年10月21日には，電子カルテ等の標準化の方向性およびその範囲について，次のとおり一定の見解を示すに至っている。

電子カルテ等の標準化の方向性

➤ 医療機関間・システム間でのデータ交換にあたり，アプリケーション連携が非常にしやすいHL7 FHIRの規格を用いてAPIで接続する仕組みを実装するものであること

➤ 標準的なコードとして，厚生労働省標準規格のうち，検査・処方・病名等の必要な標準規格を実装するものであること

電子カルテ等の標準化の範囲

➤ 文書については，診療の場面で情報連携が有用な①診療情報提供書，②退院時サマリー（画像含む），③電子処方箋，④健診結果報告書を対象とする。

➤ 地域医療連携等の観点から，それ以外に必要な文書はあるかを検討する。

---

[3]　令元・10・１保発1001第１号厚生労働省保険局長通知「「医療保険制度の適正かつ効率的な運営を図るための健康保険法等の一部を改正する法律」の一部の施行について（通知）」。

➤ 文書以外のデータについては，感染症，災害，救急等の対応に万全を期すた
め，傷病名，アレルギー情報，感染症情報，薬剤併用禁忌情報，救急時に有
用な検体検査結果等の情報を対象とする。

➤ 患者本人が自身の保健医療情報を閲覧・活用できる観点から，生活習慣病関
連の情報を対象とする。

➤ 画像情報については，診療現場で膨大なデータを確認する負担や，限られた
時間の中で必要な情報を把握し診療を開始する観点から，まずは退院時サマ
リー等における画像情報のみを対象とする。

②　医薬品・医療機器等の添付文書の電子化とバーコードの標準化

　改正薬機法では，医療安全の確保の観点から，製造・流通から医療現場に至
るまでの一連において，医薬品・医療機器等の情報の管理，使用記録の追跡，
取り違えの防止などバーコードの活用によるトレーサビリティ向上が重要とし
て，これまで実施されていた添付文書の医薬品等の製品への同梱を廃止して，
電子的な方法による情報提供が基本とされ（2021（令和3）年8月1日施行）[4]，
また，医薬品・医療機器等の直接の容器・被包や小売り用包装に，国際的な標
準化規格に基づくバーコードの表示が新たに義務化されることとなった。この
バーコードの表示の義務づけは，2022（令和4）年12月1日に施行される。

　このような標準化されたバーコードの導入は，トレーサビリティ向上により
患者の安全確保という目的だけではなく，標準化したバーコードを活用するこ
とで集積する医薬品等に関するビッグデータの活用も視野に検討されたもので
ある。

　たとえば，医薬品の販売・購入の履歴を電子的に記録し，電子版お薬手帳と
の連携等，薬剤師の業務においても活用されることが期待されている【図表6

---

[4]　令3・2・19薬生安発0219第1号厚生労働省医薬・生活衛生局医薬安全対策課長通知「医薬品等
の注意事項等情報の提供について」。

【図表6−7】医療品・医療機器等のバーコードの標準化

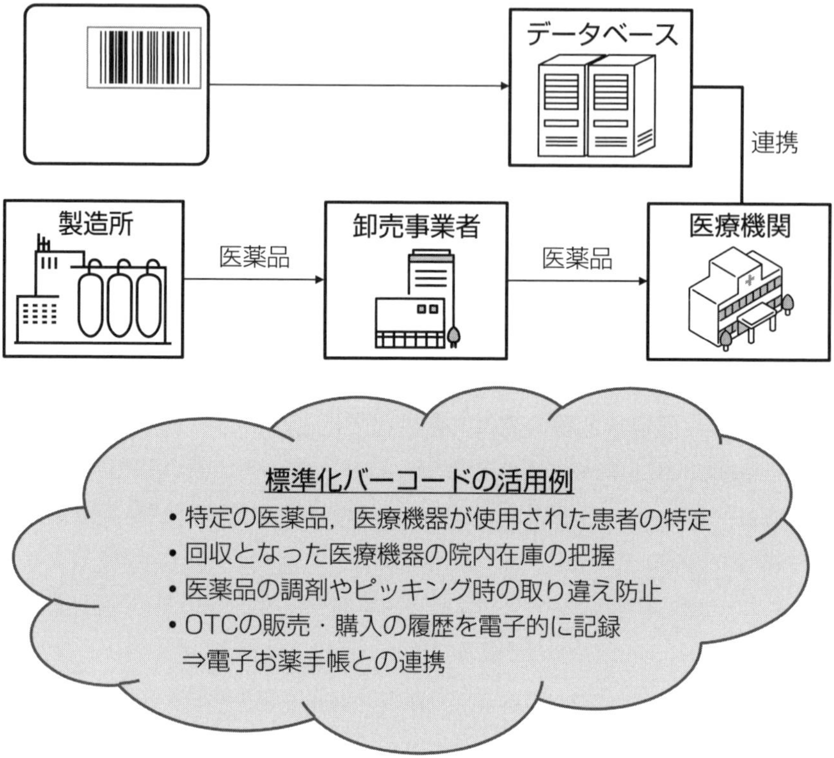

−7】。

(2)　データ利活用

①　EHRとPHR

　「EHR」と「PHR」という言葉は，医療情報の利活用に関連して，近年よく耳にするものと思われる。

　EHRとは，Electronic Health Recordを略したものであり，ネットワークを活用し国民1人ひとりの生涯にわたる健康医療を電子的に記録し，蓄積された患者データを地域間で健康保険情報を共有することで患者の生活の質（QOL）

を高めるために構想された電子カルテシステムを指す。日本での普及状況は，電子カルテの導入率が低いこともあり，EHRは一部の地域のみでしか利用されていないことが現状である。

　一方，PHRとは，Personal Health Recordの略で，EHRのように病院が患者個人のデータを管理するのではなく，患者が主体となって自らの患者データを管理するシステムやツールをいう。個人の健康に関する情報は医療機関・健診機関・スポーツジム・家庭などに散在しているが，これらの医療・保健・健康情報を集約して各機関・事業者で共通利用できれば，日常の生活改善から健康増進，医療機関での診療までが整合的に行われると期待できるものである。たとえば，PHRでは，医療機関・薬局・健康関連事業者・健康情報測定機器などが作り出す各種データを吸い上げ，保存・管理する機能を持つITプラットフォーム上に構築され，異なる診療科の医師や検査技師，薬剤師，理学療法士，トレーナー，管理栄養士など，医療・健康関係者の円滑な連携等にも活用できると考えられている。

　これは，EUの一般データ保護規則（GDPR）20条で定められている，個人の選択で自分のデータを流用できる権利を指す「データポータビリティの権利」に親和性があるものである。日本ではまだ同様の権利を認める法令は存在しないが，個人データは本人が提供したものであり，個々のデータのコントロール権は人権的な視点でも重要であるとの考え方からも，広がってきているものである。

　次に述べるとおり，政府でもPHRの推進策が打ち出されており，今後はEHRよりもPHRによる医療データの利活用が進められるとみられている。

②　PHRとマイナポータル

　政府は，未来投資戦略2018（2018（平成30）年6月15日閣議決定）において，個人の健康状態や服薬履歴等を本人や家族が把握し，日常生活改善や健康増進につなげるための仕組みであるPHRについて，令和2年度よりマイナポータルを通じて本人等へのデータの本格的な提供を目指す旨を示した。そして，

「成長戦略フォローアップ」（2020（令和2）年7月17日閣議決定）では，「個人の健診や服薬履歴等を本人や家族が一元的に把握し，日常生活改善や必要に応じた受診，医療現場での正確なコミュニケーションに役立てるため，PHR（Personal Health Record）を引き続き推進する。」とされ，マイナポータル等を通じた個人へのデータ提供について，今後，予防接種歴，乳幼児健診等情報に加え，特定健診情報や薬剤情報が提供の対象となることが明記されている。さらに，「成長戦略フォローアップ」（2021（令和3）年6月18日閣議決定）においても，重要分野における取組みの1つとして，引き続きPHRの推進が掲げられている。

　マイナポータルとは，政府が運営するオンラインサービスであり，マイナンバーを利用して本人認証を行うことで，個人が子育てや介護をはじめとする行政手続をワンストップで実施でき，行政機関からのお知らせを確認することができるものである。

　政府が検討しているPHRサービスは，問診票の記載等の際，本人同意の下，

【図表6−8】マイナポータル等を活用した医療費・薬剤情報の閲覧の仕組み（イメージ）

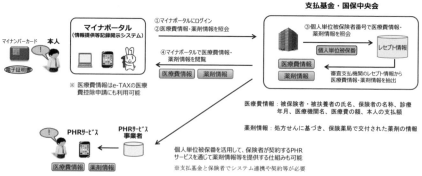

出所：首相官邸ホームページ「第1回　官民データ活用推進基本計画実行委員会データ流通・活用ワーキンググループ」資料4−3　厚生労働省提出資料「マイナポータルを通じた特定健診データの提供等に関する検討状況」
https://www.kantei.go.jp/jp/singi/it2/detakatuyo_wg/dai1/siryou4-3.pdf

医療機関・薬局が本人に代わって（本人から委任を受けて）薬剤情報を支払基金・国保中央会に照会し，支払基金・国保中央会は保険者の委託を受けてオンラインで薬剤情報を回答する，というものである。これにより，患者本人や医療機関において，特定健診データや薬剤情報等の経年データの閲覧が可能となり，加入者の予防・健康づくりや重複投薬の削減等につながることが期待されている。

　また，マイナポータルで提供する機能を，行政機関だけではなく企業や市民団体等の民間企業等に対してもAPI（Application Programming Interface）として提供することが予定されている。これにより，自己情報や検索機能を活用した新たな行政サービス・民間サービスの開発につながることが期待されており，国が一元管理する特定健診データ等の情報と連携した民間PHRサービスの拡大が期待される。

③　情報銀行

　情報銀行（情報利用信用銀行）とは，個人とのデータ活用に関する契約等に基づき，PDS（Personal Data Store）等のシステムを活用して個人のデータを管理するとともに，個人の指示または個人による「包括的な同意（信託）」をもとにあらかじめ指定された条件に基づき個人に代わり妥当性を判断の上，データを第三者（他の事業者）に提供する事業を指す。すなわち，個人に代わって資産を運用する信託銀行のように，個人から情報を預かって第三者提供などの運用を行い，そこから得た利益を個人に還元するものである。匿名加工情報と異なり詳細なデータを利用することが可能なため，さらなるデータの利活用が期待されている。

　総務省は，国民がより安心して情報銀行ビジネスモデルを活用できるように，2018（平成30）年6月に，情報銀行について「情報信託機能の認定に係る指針」を策定し，さらに，情報セキュリティやプライバシー保護対策等に関する認定基準に適合した情報銀行事業者を認定する認定制度を確立した。なお，同認定制度による認定を受けることは，情報銀行事業を行うために必須のもので

はない。また総務省は，2019（令和元）年10月には「情報信託機能の認定に係る指針ver2.0」（以下「指針ver2.0」という）を，2021（令和3）年8月25日には「情報信託機能の認定に係る指針ver2.1」（以下「指針ver2.1」という）を公表している[5]。なお，「指針ver2.1」において新たに次の5つの項目について整理を行っている。

「指針ver2.1」において新たに整理された5つの項目

1．健康・医療分野の情報の取扱い

2．提供先第三者の選定

3．統制環境に問題のある事業者の扱い

4．再提供禁止の例外

5．世帯等構成員情報の利用

特に「1．健康・医療分野の情報の取扱い」について，「指針ver2.0」では，PHRにより患者が持ち運ぶことができる個人の医療情報（要配慮個人情報）について情報銀行の認定対象範囲から除かれていたが，「指針ver2.1」では，健康・医療分野における要配慮個人情報の活用ニーズの高さに配慮し，情報銀行の取り扱う情報の検討にあたり，健康・医療分野の情報についてレベル区分を行い，各レベルの情報ごとに取扱いの差異を設けることで，要配慮個人情報に該当する情報についても，慎重な取扱いを要することを前提に，認定の対象となり得ることを示している。もっとも，要配慮個人情報に該当する情報の取扱いについては，PHRの検討状況と整合を図りながら，その対象情報や同意・審査要件を継続検討することで，その認定指針を明確にするよう今後さらなる改定を行うことが望ましいとされている。

5　経済産業省「「情報信託機能の認定スキームの在り方に関する検討会とりまとめ（案）」に対する意見募集への結果に対する考え方，意見を踏まえたとりまとめ，及び「情報信託機能の認定に係る指針ver2.1」を発表しました」（2021（令和3）年8月25日）
https://www.meti.go.jp/press/2021/08/20210825001/20210825001.html

【図表6－9】指針Ver2.1における情報銀行の定義・考え方

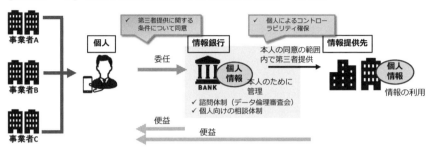

出所：経済産業省「「情報信託機能の認定スキームの在り方に関する検討会とりまとめ（案）」に対す
る意見募集への結果に対する考え方，意見を踏まえたとりまとめ，及び「情報信託機能の認定
に係る指針ver2.1」を発表しました」別紙3「情報信託機能の認定に係る指針Ver2.1」
https://www.meti.go.jp/press/2021/08/20210825001/20210825001-3.pdf

索　引

□著者紹介

落合孝文（おちあい・たかふみ）
（渥美坂井法律事務所・外国法共同事業シニアパートナー）

森・濱田松本法律事務所東京，北京オフィスでの約9年の勤務を経て現職。医療，金融，IT等に関する事業開発，法的助言に従事している。デジタル庁デジタル臨時行政調査会作業部会委員，内閣府規制改革推進会議専門委員，厚生労働省オンライン診療の適切な実施に関する指針の見直しに関する検討会委員，厚生労働省，経済産業省，総務省健診等情報利活用ワーキンググループ民間利活用作業班委員等の官公庁，業界団体等の役職を歴任。

松倉香純（まつくら・かすみ）
（渥美坂井法律事務所・外国法共同事業アソシエイト）

2009年慶應義塾大学法学部政治学科卒業，11年慶應義塾大学大学院法務研究科修了，12年弁護士登録（65期）。株式会社国際協力銀行（JBIC）等を経て現職。製薬を中心とするライフサイエンス分野の他，M&Aコーポレート，ファイナンス等の業務に従事している。

平井健斗（ひらい・けんと）
（渥美坂井法律事務所・外国法共同事業アソシエイト）

2011年明治大学法学部卒業，13年神戸大学法科大学院修了，16年弁護士登録（68期）。武田薬品工業株式会社の法務部門での約3年の勤務を経て現職。製薬・医療を含むライフサイエンス／ヘルスケア分野全般，人事／労務，一般企業法務等の業務に従事している。19年6月から22年3月まで医薬品企業法務研究会（医法研）契約法研究部会アドバイザーを務めた。

松田一星（まつだ・いっせい）
（渥美坂井法律事務所・外国法共同事業アソシエイト）

2014年大阪市立大学法学部卒業，16年京都大学大学院法学研究科法曹養成専攻修了，19年弁護士登録（72期）。企業法務系法律事務所においてFintech事業者への出向経験等を経て現職。ライフサイエンス分野，Fintech分野，メディア・エンタテインメント等の知的財産分野の他，一般企業法務等の業務に従事している。

デジタルヘルス事業参入の法務

2022年6月20日　第1版第1刷発行

著　者　　文　純斗星　継
　　　　　孝　香健一
　　　　　合　倉井田
　　　　　落　松平松

発行者　　山　本　　　継
発行所　　㈱中央経済社
発売元　　㈱中央経済グループ
　　　　　パブリッシング

〒101-0051　東京都千代田区神田神保町1-31-2
電話　03(3293)3371(編集代表)
　　　03(3293)3381(営業代表)
https://www.chuokeizai.co.jp
製版／三英グラフィック・アーツ㈱
印刷／三英印刷㈱
製本／㈲井上製本所

© 2022
Printed in Japan

＊頁の「欠落」や「順序違い」などがありましたらお取り替えいたしますので発売元までご送付ください。(送料小社負担)

ISBN978-4-502-42791-6　C3032